NOTE BOOK

活用一輩子的筆記術

奧野宣之◎著

張秋明◎譯

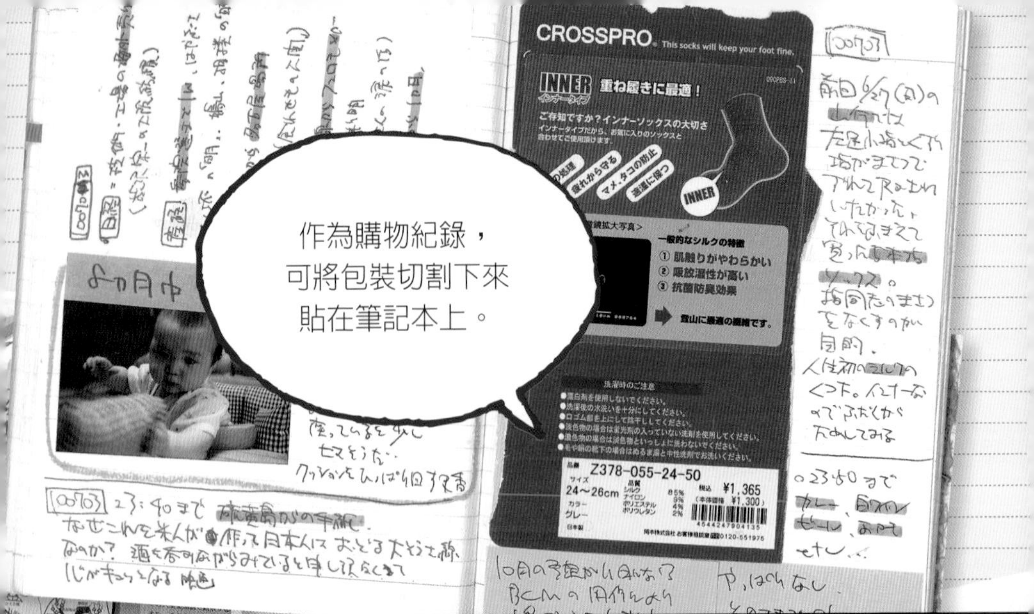

作為購物紀錄，
可將包裝切割下來
貼在筆記本上。

筆記是「人生的時間規劃」，是創造自我的憑藉。

貼上簡介並填寫個人感言，事後重讀就能享受如翻閱雜誌般的樂趣。

美味用餐的經驗，
可透過餐廳名片搭配
個人評價，
留下真實體驗的紀錄。

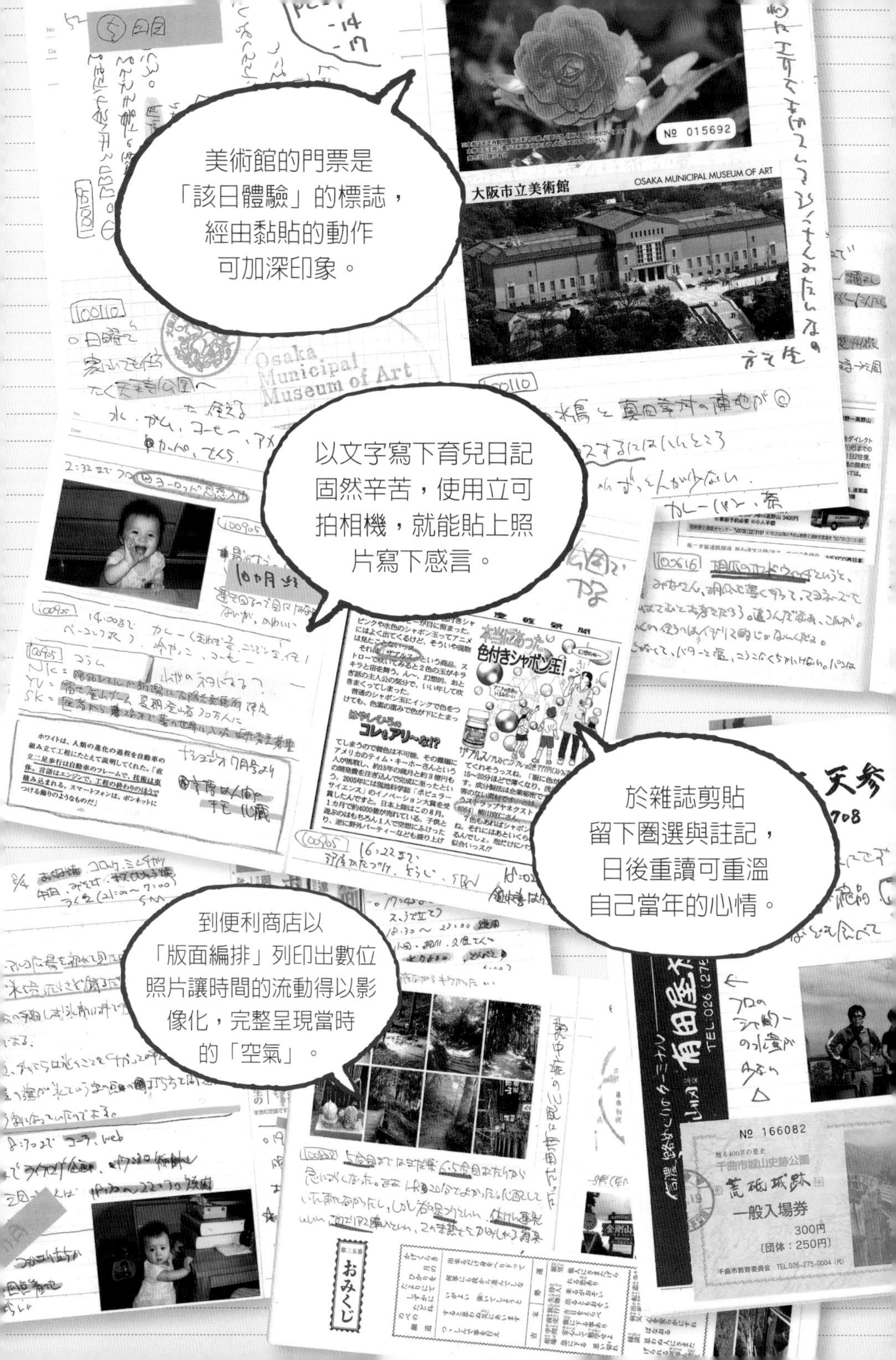

美術館的門票是「該日體驗」的標誌，經由黏貼的動作可加深印象。

以文字寫下育兒日記固然辛苦，使用立可拍相機，就能貼上照片寫下感言。

於雜誌剪貼留下圈選與註記，日後重讀可重溫自己當年的心情。

到便利商店以「版面編排」列印出數位照片讓時間的流動得以影像化，完整呈現當時的「空氣」。

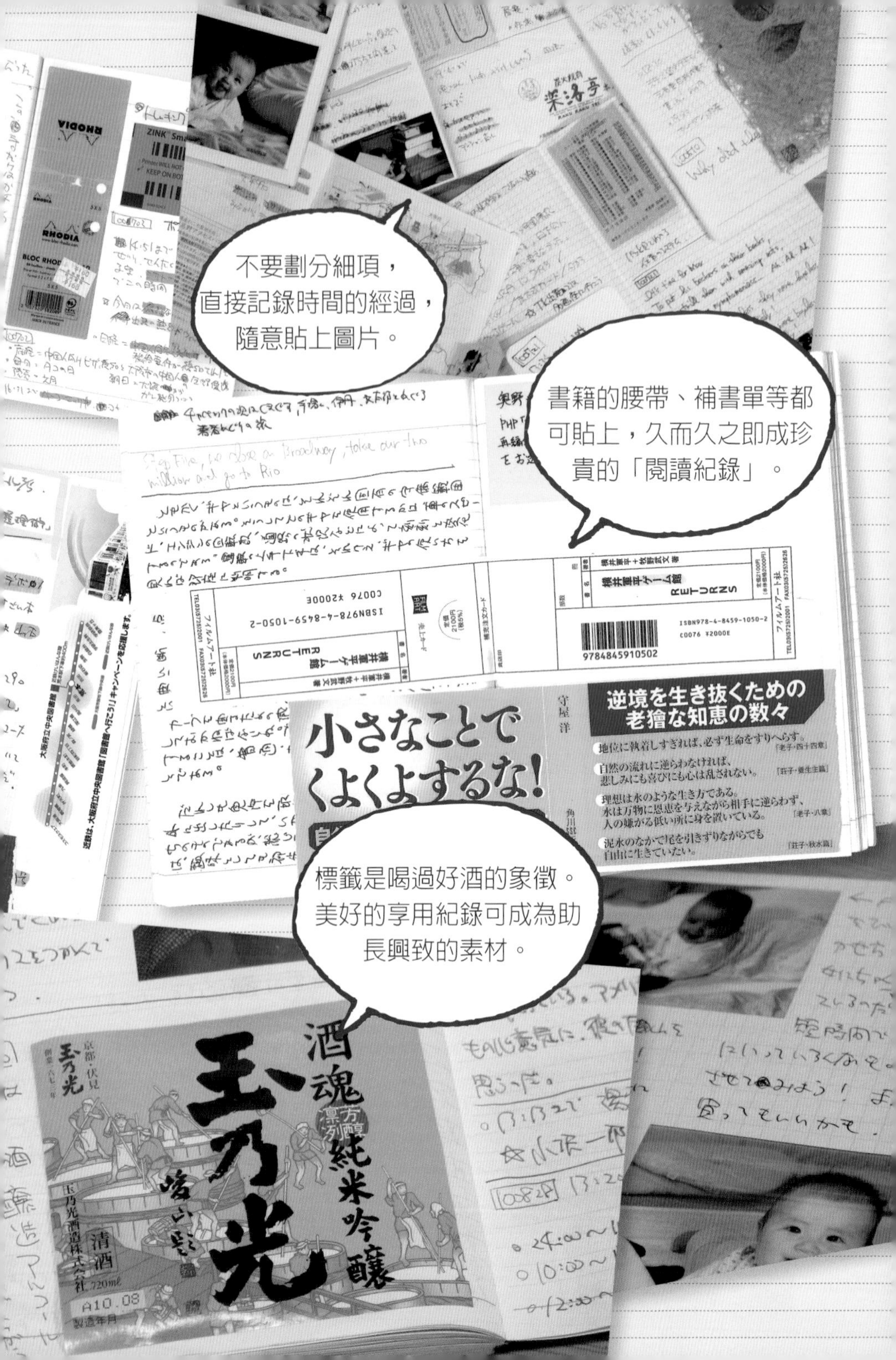
不要劃分細項，
直接記錄時間的經過，
隨意貼上圖片。
書籍的腰帶、補書單等都
可貼上，久而久之即成珍
貴的「閱讀紀錄」。
標籤是喝過好酒的象徵。
美好的享用紀錄可成為助
長興致的素材。
逆境を生き抜くための
老獪な知恵の数々
小さなことで
くよくよするな!
地位に執着しすぎれば、必ず生命をすりへらす。
自然の流れに逆らわなければ、
悲しみにも喜びにも心は乱されない。
理想は水のような生き方である。
水は万物に恩恵を与えながら相手に逆らわず、
人の嫌がる低い所に身を置いている。
泥水のなかで尾を引きずりながらでも
自由に生きていたい。
酒魂
純米吟醸
玉乃光
玉乃光酒造株式会社
清酒
RHODIA
ISBN978-4-8459-1050-2
C0076 ¥2000E
9784845910502

外出旅行時的記錄，
記得蓋上紀念章，
可成為日後回憶的線索。
行動記錄必須寫上動機
和理由，好在三個月後重
讀時可以一目了然，留下
「努力實幹的自己」。
世界上唯一一本的「我的書」。
那是跟過去的自己對話。

只要使用和紙膠帶，隨時都可以依據個人喜好進行版面設計。
利用Post-it便利貼按照時間順序製作標籤，可像字典一樣迅速檢索。
一整疊的生活記錄就是「自己的歷史」。一字排開過去的「厚度」，就能將不經意間消逝的平常日子轉變成「確實存在過的體驗」。
以製作「個人分身」心情寫筆記。因為「講究」才會想一再翻閱，也才能持續以恆。

重新翻閱時用螢光筆標記出專有名詞、個人想法等重點，可以從經驗中學習到更多。
筆記本的形式「林林總總」，找不到適合自己的，就自行製作。
一如旅行箱的外殼，在筆記本的封面貼上廣告傳單、雜誌剪貼等，做成「人生之旅」紀念冊。

23種便於重新翻閱的輔助工具

*部分選粹

育兒、觀察記錄等
最佳幫手的立可拍相機

設計出個人專用筆記本
的「單孔打孔機」

從切割到裝飾都好用的
騎縫線美工刀

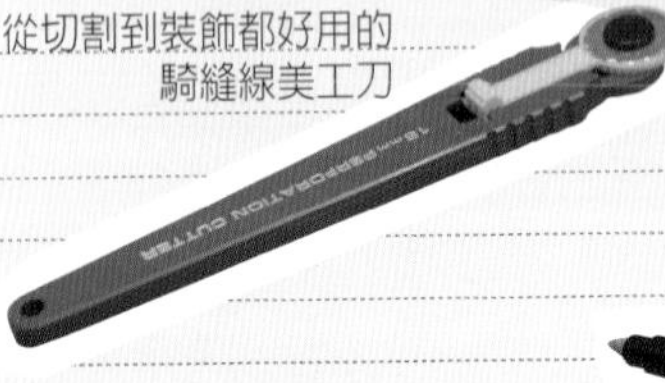

可填充墨水的螢光筆

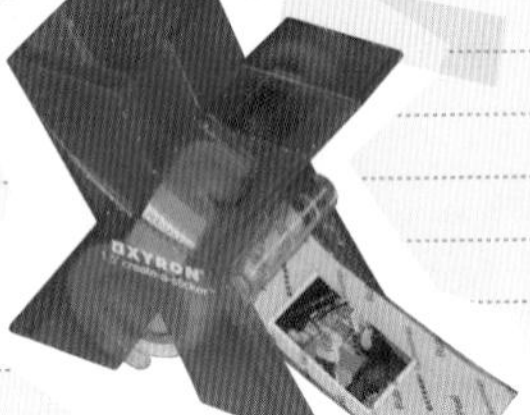

可將剪貼變成貼紙的
「貼紙機」

隨處都可工作的
「攜帶式書桌」

一再重讀也不會膩的
「色筆」

如鋼筆般好寫的
「Pentel Tradio Pulaman」

即使是背面，
紙張也不會脫落。
「SUPER HARD HOLDER」

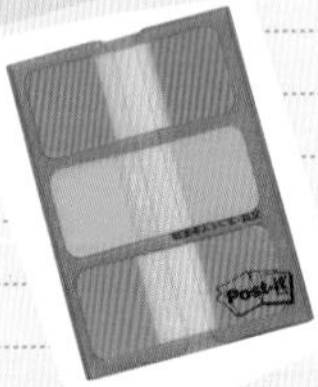

標記出重要頁次的
「Post-it便利貼」是最
堅固的「標籤」

實用推薦（按來稿順序排列）

一起寫下今年的編年史

找回曾經認真又努力的自己

我以為我懂紀錄生活這件事，看完才發現原來寫下來根本不只是寫下來。這世界上如果有個地方能讓你跟已經不存在的自己對話、能讓你想起曾經認真又努力的活著、能讓你提起期待把日子過得更好一點；這樣的一個地方，讀完這本書、寫下來，你就能找到。

——「星期日拯救計畫」二日

朝向想望未來的每一步

手帳是羅盤、是地圖、是北極星，藉由手帳寫下的一字一句，用手帳為你寫下今年的編年史，然後一年一年校正回歸。之前就讀過《活用一輩子的筆記術》，很適合初學者，重要的是「書寫」、「剪貼」、「重讀」，持續記錄和從更高角度看自己，然後不斷校正，踏出更穩健，朝向想望未來的每一步，誠心推薦！

——國小教師、閱讀推廣人　林怡辰

發現自己漸漸變得自信

透過書寫、日記來記錄生活對我來説是非常有效的定心劑。難過時會成為一種依靠，遺憾時會成為一種安慰，開心時會成為一種肯定。每天花一點點時間，用最適合自己的方式來記錄生活，發現自己漸漸變得自信，好神奇啊！

——圖文作家 Lulu

打下記錄生活的良好基礎

我曾在大學時閱讀過《活用一輩子的筆記術》，進而影響我書寫時的習慣，可説是幫助我打下記錄生活的良好基礎。我認為作者分享的方法簡單實用，內容紮實且靈活，更能理解背後原理，讓筆記發揮真正的效用，推薦給每位想過好生活的人！

——小荷的手帳教室 小荷

序章　透過lifelog將體驗化為「資產」

第1章　只是記錄行動的意外效果

第2章　讓筆記本成為自己的分身

第3章 如何留存在筆記本上

第5章 如何持續、重讀、活用呢

附錄 23種lifelog的輔助工具

【結語】陪我們走過「無法重新再來一次的旅行」

NOTE BOOK

序　章

透過 lifelog 將體驗化為「資產」

See your entire world in a single notebook.

所謂的lifelog就是「人生怎麼活」的完整記錄

本書的主題是「**lifelog**」。

因爲可能有很多人是頭一次聽到這個詞，在此先做名詞解釋。

「生活記錄lifelog」顧名思義就是：

「人生或生活（life）的記錄（log）」。

一如航海的人所寫的「航海日誌」，lifelog就是**將發生在自己周邊、聽到看到的事情，盡可能翔實而完整地記錄下來**。

這個名詞是因爲微軟研究所的哥登・貝爾（Gordon Bell）在他的著作《生活記錄的建議》中揭櫫，在日本也開始在ＩＴ界和關心數位工具的人士之間流行了起來。

比方說：像這樣的「lifelog」。

- 每天用數位相機拍下餐桌上的菜色。

- 將自己走訪過的地方、路線留存在網路服務的電子地圖上。
- 將所有讀過的書、觀賞過的DVD列表並寫下心得感想。

貝爾利用智慧型手機、小筆電、GPS、掃描器等將所有看過、讀過的東西、見過的人、完成的文件、充滿回憶的紀念品等都做成數位資料保存在大容量的HDD裡。

或許也是因爲那樣，lifelog通常被認爲須搭配智慧型手機、高性能掃描器等數位工具才能進行。

可是本書所謂的「lifelog」，則是以「**人生記錄**」的原意爲主。

並不打算像貝爾一樣完全都數位化，對於**每天帶著普通紙張的筆記本，將自己人生填入其中的「lifelog」**，以下將說明其做法與好處。

不管是否擁有i-Phone、GPS數位相機等數位工具，或者對於網路熟悉與否，這是**任何人都能簡單書寫lifelog的方法**。

最近有類似概念「**Ubiquitous CAPTCHA**」一詞的出現，意思是將人生所發生的所有事情都記錄下來，跟我所說的「lifelog」一樣。

但畢竟Ubiquitous CAPTCHA一詞還不是很普及，我平常也不太用，所以本書都用「lifelog」進行解說。

要想留存「空氣」，最好採用傳統的類比方式

數位抬頭的全盛時期，何以要回歸類比呢？

i-Phone、i-Pad火紅大賣，連書籍也逐漸電子化鬧得沸沸揚揚的此時，說什麼「傳統類比較好」，恐怕有人會覺得「這傢伙怎麼食古不化呢」。

不過話說前頭，我先聲明自己並非否定數位化。

我個人外出時幾乎都帶著筆記型電腦，也有自己的部落格和推特網站，是個充分運用雲端服務的數位科技愛好者。雖然有攜帶電池、收訊不良等問題存在，仍認爲數位工具帶來方便是不爭的事實。

這樣的我卻依然要斬釘截鐵地說：「lifelog最好是用紙製筆記本」。

理由只有一個。

「因為能留存『空氣』」。

空氣，換種說法的話，**因為紙張比數位工具更容易留存「氣氛」、「臨場感」和「感覺」**。說得更直接點，**因為無法用文字和圖片展現的「空氣」資訊正是lifelog的重點所在**。

例如慌亂之際振筆疾書記下的電話號碼、被雨滴暈染開來的地圖、用來寫信的紙張和搭配墨水產生的味道……

這些東西若要做成數位化，會很花工夫和時間。換作是筆記本的話，可以直接手寫，也可以將紙的資料或其他便條紙用膠水黏貼其上。

或許數位和類比的運用，也該考慮到「適材適所」的原則。

如果單純只是資訊的輸入、保存、攜帶、搜尋和瀏覽的話，數位工具自然比較好用。現在幾乎所有的人身上都不會帶著紙製電話本和辭典了。

可是對於**「現場的空氣和氣氛」、「親身體驗的真實感受」**則是用筆記本比較容易留存下來。

筆者的lifelog

什麼內容都可以寫、任何東西都可以黏貼其上的「lifelog筆記本」，每一本都充滿了當時的「空氣」。

儘管數位科技日新月異，要想留存「空氣」，短期間內我還是認爲用筆書寫在紙上、黏貼資料的傳統類比方式要好得多。

做出過去不再消失的自己

到底我所謂的「lifelog筆記本」是什麼樣的東西呢？以下簡單說明。

舉個具體例子，我每天會在同一本筆記本上塡寫兩到十次類似下文的內容。

【100629】13：27為止

・午餐（三顆飯糰、咖啡）、週刊新潮（參議院選舉特集）、劍燃燒吧、鑽石社《lifelog企劃》完稿（序章用，約兩千字）。推特、武田來電。

@新大阪→東京「光468號」車內

☆使用自動販賣機忘了找零，揪心。雖然有寫稿，但完成度不高。擔心可能會趕不上截稿。

讀者可以發現我用下列**省略符號**作重點式記錄，簡單寫下內容。

日期時間——日期（六位數字標示）和時間（24小時標示）
・符號——包含對象物、對象人之專有名詞的「行動」
@符號——場所
☆**符號**——個人有感而發的心情等

畢竟超過半天沒記，回想起來便很辛苦；而且一次要寫完所有做過的事，文字也很多，因此利用吃飯、路上移動、約會對方離席空檔和等電梯的零碎時間，一點一滴完成記錄。

這一段的lifelog是在搭乘新幹線時坐著寫的，所以寫得較詳細。忙的時候會寫簡短些，像是「17:30為止，寄出五封謝函，給演講時遇到的人」。**因為我很清楚一旦立下嚴格的規定，就很難持之以恆**。

那麼以這種方式寫日誌，並且持續多年，到底有什麼意義呢？

在我說明之前，請讀者先回答下列問題。

「三年前的你，此刻抱著什麼樣的想法在過日子呢？」

「半年前的現在，你做了什麼樣的工作呢？」

「三天前的晚餐，吃了什麼東西呢？」

——怎麼樣？這些事情很難一一都記得住吧。

翻閱過去的記事本，就算上面寫著每日行程和聯絡對象，也沒有留下「自己做了什麼事」的詳細紀錄吧。

然而我只要翻閱兩三分鐘的筆記本，就能詳細說出兩三年前的過去，彷彿最近才剛發生過一樣。

像這樣，**將不經意消逝的日子變成「確實存在的體驗」**。

就是記lifelog的意義。

換言之，是爲了不讓隨時間經過而逐漸變淡薄的體驗風化，**在自己心中留下更確切而深刻的印象**。

無庸置疑地，體驗對每個人來說都很重要。任何人都是累積過去的體驗，才能成就出「今天的我」。這個世界上沒有誰是突然蹦出來的。

雖然說「體驗很重要」，但其實能夠留存在腦海中的上限頂多只有幾個月而已。就好像回想不起三天前的晚餐內容，同樣地除非是很強烈的印象，否則都將隨著時間一起消逝。

有時候因爲身體承受不了，必須忘掉不好的體驗。可見得忘記本身並非不好的事。

但如果連日後的人生也能派上用場的「珍貴體驗」也給一併忘掉，豈不是太可惜了嗎？一旦從記憶中消失，「體驗重新被運用」將成爲泡影。甚至可說是「等於一開始就未曾體驗過」。

事實上我們總是學不會教訓一直在重複同樣的錯誤，**或許就是因為沒有好好活用過去的體驗吧！**

因此我開始學習記lifelog。

就算無法記住所有的體驗，但只要寫lifelog筆記，至少能減緩忘卻有用體驗的速度。

而且重讀lifelog筆記，**可以當時所寫的文字為「線索」，隨時清楚喚回過去體驗過的情景**。結果也就能將體驗更加活用在今日和未來。

依我來說，那種無所事事過日子的方式，也就是**「任憑體驗浪費」**、**「放任體驗流失」**的行爲，就像荷包隨時開著亂花錢一樣，每天都會掉個40、80的小錢。只要能將破洞補好，就能存錢，也就是存下對個人有益的體驗。

【有記lifelog和沒有記lifelog的人】

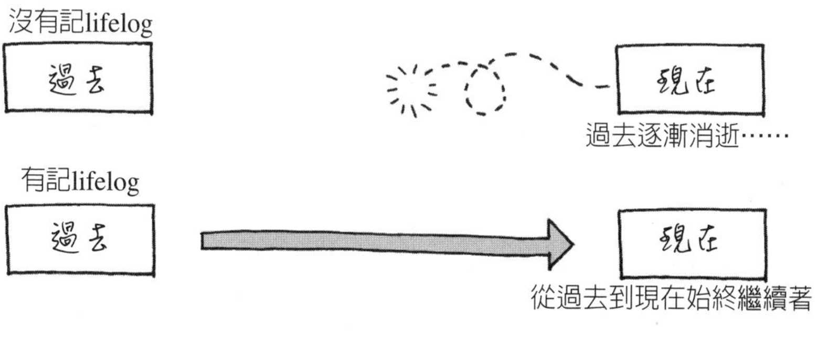

養成「重讀」的習慣可讓筆記的效果事半功倍

因爲無法記住過去的體驗，所以要記錄lifelog筆記。

就算只是單純地動手寫，也有刻印在腦子裡的效果吧。

但光是那樣仍然不夠。

沒錯。寫下來的東西，如果沒有重新閱讀就毫無意義。

不單只是記錄行動，若能日常性地重讀lifelog筆記，反芻自己的過去，就會比寫下來更具有清晰「留存」的效果。

因為能將體驗當作資產，更確切地存放在腦海裡面。一如前面所提到的，傳統類比方式的好處是重讀時能夠感受到「空氣」。翻開筆記本時，曾經體驗過的事會生動地重現在腦海中。

甚至**隨著時間的經過有時還能加強作用，發現到更多的事實**。

透過寫備忘、貼資料、記錄行動、事後重讀的動作，就能將過去變成個人更確實的體驗。

如此一來，lifelog筆記的效果就能增加好幾倍。

從我在二〇〇八年出版的《A6全能筆記術》（台灣麥田出版）起，已經寫了好幾本有關筆記整理術的書。

除了許多人告訴我「很有用」外，也有聽到「感覺不是很有效果」的聲音。

爲什麼記了lifelog筆記卻產生不了效果呢？

我認爲理由只有一個，就是「**記完就算了**」。

換句話說，透過「**重讀**」才能將體驗眞正變成自己的東西，就是因爲沒有活用才會造成這樣的結果。不是嗎？

基於可能會發生類似的狀況，本書除了強調書寫和剪貼的「輸入」外，也用了許多篇幅告訴讀者**如何持續做到「重讀」的工夫**。

首先在第一章將理解lifelog筆記的好處和基本做法。

第二章選擇作爲個人分身的筆記本。

第三章和第四章將使用各式各樣的技巧，增加閱讀lifelog筆記的樂趣，讓lifelog筆記成爲保存個人體驗的「**我的書**」。

【「重讀」提升筆記的效果】

第五章將說明「重讀」的效果和具體方法。

請容我一再地重複，如果只是鍵入文字寫日記、整理數位照片的話，這些透過部落格或智慧型手機都能辦得到吧。但是寫筆記本：

・可以沒有壓力地輕鬆書寫、貼上東西和資料。

・因爲將自己的一切都寫進去了，只要有少許時間就會想重讀。

・因爲製作這些筆記本的過程充滿樂趣，自然會更想記錄下去。

我想只有筆記本才能建立以上的良性循環。

書寫、剪貼、重讀。

只須靠著這些工夫，就能將包含工作和私人生活的所有人生變成「培育自己的舞台」。

不須心急，總之以自己的腳步前進

開場白且到此爲止。

目前爲止提到的，本書乃是爲了不讓個人的體驗風化，而要介紹可以一邊正常生活，一邊自我成長的「lifelog筆記」做法。

提到「成長」二字。或許聽起來有些誇張，但請不必太過緊張。

我認爲不論是在工作、家事、運動和嗜好等任何範疇裡，只要產生「感覺稍微變厲害了」「雖然不多但感覺有進步」的「**自我認知**」，那就是成長。

社會人的成長跟升學考試不一樣，沒有明顯的模擬考成績和偏差值標準（譯註：日本對於學生智能、學力的計算公式如下：【（個人成績－平均成績）÷標準差】×10＋50＝偏差值。考生根據個人的偏差值報考學校。）可判定個人水準。外人無法給予客觀的評價。

所以說得極端點，**只有自己才能認清自我**。

首先讓我們學習認識自我。

在學習過程中，或許也能連結家人、朋友及工作夥伴對我們的評價吧。

話又說回來，其實我並沒下什麼特別的工夫，相對地只是一點一滴將日常瑣事記錄在筆記本上。

因為日積月累，才能有今天的我。

如果沒有記錄在筆記上，渾渾噩噩地過日子，將會是如何呢？

成爲內心支柱的某人說過的話、遇到挫折只要回想就能回到當時振奮的心情、形成現在工作原動力的某種體驗等，都將慢慢地消失在記憶的遠方。一想到這些就不寒而慄。

此外「lifelog筆記」並非只帶來「成長」，也扮演了「**想要長期持續**」的輔助角色，和發揮「**戒掉很難戒掉之惡習**」的矯正功能。

只要每天輕鬆愉快地記錄lifelog筆記，就能改變習慣、改變行動。

首先請嘗試練習一個禮拜！

記錄幾點鐘做了什麼事，就算稍有缺漏也無所謂。

不用小心行事，只要以開闊的心情持續記錄lifelog筆記，漸漸就能找到有個人風格、適合自己個性的做法。

就讓我們一起開始將人生留存在筆記本上的生活吧！

使用手邊的工具，
直接記錄人生

開始記錄lifelog筆記的習慣時，並不需要特別的工具。需要的是：到處都能得手的文具、資訊，還有充滿創意工夫的精神。

NOTE BOOK

第 1 章

只是記錄行動的意外效果

See your entire world in a single notebook.

「濃縮成一本筆記」的三大原則

我在前面提到的《A6全能筆記術》書中介紹了將備忘記事、資料等所有資訊縮成一本筆記的資訊整理技術。

該書的手法可說是接下來要介紹的「lifelog」好處和技巧的基礎所在。

在說明lifelog筆記的使用方法之前，先簡單地敘述下列**三大原則**。

原則① 一元化

筆記本不需要分成好幾本，按照不同的分類使用，**通常只要集中成一本即可**。不論是開會記錄、電話留言、看完電影的感想等都可以寫在同一本筆記本上，也可以貼上便條紙和資料。

一本筆記本用到最後一頁，再換新的一本，一而再地「更新」。

如此一來，就不會有找不到備忘事項、忘了寫在哪裡的困擾。因爲要找的備忘事項肯定就在筆記本裡面。而且也因爲經常使用同一本筆記本，就不會發生開會時忘了帶開會專用筆記本的失誤。

原則② 依時間排序

筆記本裡面也不需要分門別類，**直接從第一頁開始依序寫到最後一頁**。如此一來，「貼有電影票根的感想」後面接著是「開會討論事項」，然後是「剪報」等各種資訊的並列，不必刻意加以區分整理。只需要加上「**日期**」和「**區分線**」就行了。

透過這種做法就不會產生資訊要寫在哪一頁、該如何整理等疑惑。由於不須刻意經營，而是自然而然留下資訊的前後順序，使得記憶容易保存，事後也容易找尋備忘事項和資料。

原則③ 索引化

沒有絕對必要的工夫。我只會將寫或貼在筆記本上的資訊，**用電腦打字做成「標題」**、「**位置資訊（筆記本的編號和日期）」的索引資料庫**。筆記本數量少的人可以根據**封面的設計**加以區分；或編上**頁碼**，將記錄內容和起始頁碼整理成索引，方法不一而足。

不過隨著筆記本的數量增多，要想很快翻出自己要找的那一頁，建立數位索引資料庫是最有用的方法。因爲瞬間就能完成檢索。

以下介紹我的做法。比方說第三十九本筆記、日期二○○九年七月十日的頁面上有北海道的旅行紀錄，七月十三日的頁面上有沖繩採訪的紀錄。

・39／090710／旅行／北海道

・39／090713／採訪／沖繩縣

我會用電腦打字將項目做成如上的檢索用表格或是Excel檔案。

事後想要查閱這些資訊，可利用電腦檢索，查出寫在哪一本筆記本的「資訊地址」，再實際找出該筆記本即可。只要資料庫的檔案隨著筆記本經常更新，找尋資訊輕而易舉。

使用這種方法，就算不知道曾幾何時寫在哪一本筆記本上，只須利用檔案中文字排序的「關鍵字索引」就能簡單查到。即便筆記本多達好幾百本，至少要找的備忘資料「在哪

【lifelog的三大原則】

裡」，可以馬上得知。

本書所介紹的「lifelog筆記」也是遵循這三大原則，久而久之自然形成的使用方法。倒不是說非得遵守這些原則不可，因爲這是我長年試過各種方法後所得的結論，希望能提供給讀者作爲參考。

比記事簿整理術更簡單，任何人都能上手

lifelog筆記是隨時都帶在身上，將做過、看過、吃過等經驗留存下來的「紀錄」。那麼跟同樣也是隨時都帶在身上的記事簿、行事曆等又有什麼不同呢？

最大的不同點在於寫的不是「預定計畫」，而是「**已經完成的事項**」。

記事簿基本上是事先將會議、拜訪、活動等預定事項排成時間表，或是作爲備忘錄提醒自己之後必須做的工作、該買的東西等。換句話說，是事先寫下「未來的事」。

相對地，「lifelog筆記」上寫的是**剛剛結束的行動、剛剛買的東西、剛剛讀完的書、剛剛聽到的話等「過去的事」**。

這一點的不同相當重要。

因爲如果不是寫「過去的事」，筆記本就無法作爲「**自己的分身**」。

記事簿上寫的並不等於「個人的眞實行動」。

例如就算行事曆欄位上寫著「六點起床」，也有可能一覺睡到八點才醒來。或是約見面的對方搞錯了見面的時間，只好改做其他事情。

關於這一點，lifelog就沒問題。假設八點才起床，就可以寫上：

「八點起床，看來在無意識間把六點響的鬧鐘給按掉了。」

由於是以個人的行動為主所做的紀錄，現實和紀錄之間不會產生衝突。

但畢竟一般「按照預定計畫行事」的情形比較多吧，或許也有人「通常只要翻閱行事曆，大致就能知道『當時做過什麼事』」。

不過對於預定計畫，頂多只是類似「十七時到鑽石社跟市川先生開會」，會寫得很簡略。

「跟市川先生討論了什麼內容，」

「開會期間，自己有過什麼想法？」

「在前往開會地點的移動期間，在電車上讀了什麼書？」

上述這些「**行動的細節**」則是完全無法查閱。

只有細節才能夠成爲記憶的線索。

這是什麼意思呢？例如以資料的記憶來說，能成爲線索的，並非「七月七日和女友約會」，而是「梅雨季節延遲結束，今天又是雨天。和穿著傳統浴衣的女友逛大丸百貨。因爲大阪車站有七夕裝飾，兩人寫了許願的卡片。我偷偷寫下『希望早日結婚』掛上。」等包含專有名詞、詳細地點和情境描述的資訊。

記事簿乃事先寫好「今後要做的事」，因此很難像這樣留下細節。只有記錄**「剛剛發生過的事」**的lifelog才能辦得到。

lifelog不是硬將「自己做的事」套成「寫好的內容（預定）」，而是**將「自己做過的事」直接「寫出來」**。

所以不像所謂的「記事簿整理術」，常有「寫下目標努力達成」的緊迫盯人壓力感。

利用記事簿進行自我管理的門檻較高，不是人人都能勝任。按表操課和To Do管理也有其技術性，一旦做好計畫就必須遵守的壓力自然也很大。

【lifelog與記事簿的差異】

寫下今後的預定事項

・真實的行動會產生不同
・無法留下行動的細節
・「自我管理」有壓力感

寫下做過和正在做的行動

・可真實留存當時的自己
・可留下專有名詞、說話內容等細節
・任何人都能輕鬆開始實行

相對地，lifelog基本上只是「**直接寫下做過的事**」。只要肯花費一天幾次書寫備忘錄的時間，任何人都能輕鬆上手。

比寫日記更容易留存過往日子的氣氛

不同於記事簿的是「寫已經結束的事」。

那麼跟同樣寫下當天做的事和感想的「日記」，又有什麼差別呢？

「日記」擁有無限多的樣貌，很難進行比較；但如果要舉出最大的不同點，只能說lifelog筆記算是「**即時記錄**」。

日記通常是回到家後，在睡前或工作結束時寫的文章。部落格和Mixi（譯註：類似日文版的Facebook）等SNS網路社群也是一樣。基本上都是坐在自己家裡的桌前用心書寫。

相對地，lifelog筆記則是**可以帶在身上隨時隨地當場書寫**。

例如會談結束後，趁著對方離開之際，就能記上：

「16:27為止，和田中商討東京展示會相關事宜。」

同樣的動作重複幾次，就能完成一天的行動記錄。

此外，lifelog筆記還可以貼上資料或東西，設計出「臨場感」。**不像日記一樣必須要有充滿內省的文章風格和一日不可或缺的持續精神。**

如果忙到整天都沒有時間翻開筆記本，也可以只寫上「整天忙著開會」的簡單記述。

相反地，遊樂、旅行等歡樂日子的記錄則可以大寫特寫多達好幾頁，甚至貼上資料。

帶在身上，隨時可利用移動時間或休息空檔，一點一滴書寫。

lifelog筆記的限制條件遠比日記寬鬆而容易持續下去。再加上是即時記錄的關係，也比較可以保留住「現場的空氣」。

讀到這裡，我想應該有很多讀者已經發覺「lifelog筆記的行動記錄」，其實並非指什麼大不了的事。

所謂「非預定計畫，而是記錄已經完成的事」，是許多「天天日誌（ほぼ日手帳）」愛用者也在做的事。至於即時記錄「剛剛的事」，也跟推特族寫「現在正在做什麼呢」很像。

【lifelog與日記的差異】

	日記	lifelog
何時寫	在家睡前寫	利用空檔一點一點寫
寫什麼	內省性的內容較多	比起情感更重視行動記錄
在哪裡寫	每天寫出定量的文字	又寫又貼，沒有太多限制。量也可以隨意。

⇩ **門檻較高**

⇩ **任何人都可以持續**

已經有很多人在做類似的事。想到這一點，不禁覺得開始lifelog筆記的門檻竟比想像的低很多。

看似沒什麼的記錄成為「自己的分身」

只要持續一個禮拜，lifelog筆記本上就會累積越來越多的人生記錄。其中應該也包含辛苦努力完成的工作吧！

一邊做事時，忽然想到「待會兒要寫在筆記本上」，以及筆記本上累積越來越多的工作成就，內心自然湧現一股充實感。

那種感覺就像是運動選手意識到觀眾的存在而振奮起精神應戰一樣，也或許可以用飛官將擊落的敵機數量刻劃在機身來形容。

比喻的話到此爲止，總之**發現筆記本始終都在看著「認真做事的自己」，那種感覺很好！**

而且就算不是工作，光是重讀愉快歡樂的活動或聚餐等紀錄也會讓人情緒跟著高漲。看著筆記本上「當場書寫的記錄」，上面眞實保存了當時的「空氣」和自己的心情。**彷彿只要一翻開筆記本，就感覺回到該瞬間。**

因爲有了記錄的動作，使得筆記本對你而言成了獨一無二的存在。只要持續一個月，相信比起記事簿或手機，會更加愛用筆記本吧！

這麼一來，花工夫思考剪貼什麼東西在筆記本上、如何書寫某種體驗等也將成爲樂此不疲的趣味。

例如旅行的時候，晚上在飯店裡一邊小酌，一邊將白天參觀鄉土博物館的門票貼在筆記本上，並且寫下感想。光是腦海中浮現這樣的畫面，我的嘴角已不由自主地往兩邊揚起。

那麼這些「記錄」經過多年後將產生什麼樣的變化呢？我認爲每一本筆記本都將會變成自己當年的分身一樣。因爲從筆跡、用語、讀過的書、關心的事物等，都**反映出當年的自己**。換句話說，所謂「過去的自己」的模糊印象透過筆記本而具體化了。

也因此整疊的筆記本捕捉了我們「**人生的各個階段**」。

近來「**臨終筆記**」成爲流行的話題。那是爲了預防萬

【筆記本冊數一如人生的各個階段】

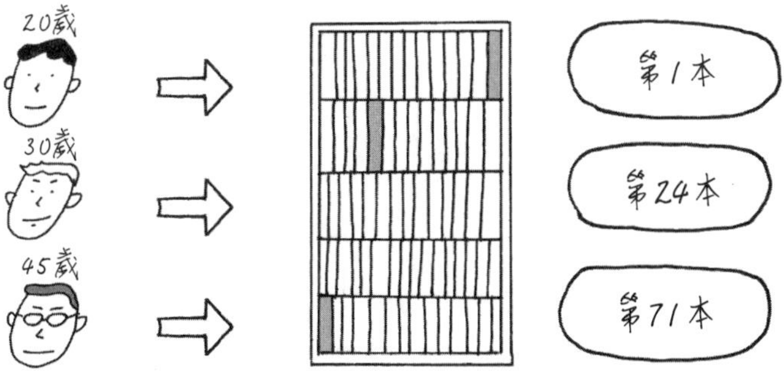

一，趁著還健康的時候將對家人的遺言、臥病在床時希望的看護、治療法、喪葬事宜、有關財產和保險的資訊、簡單的個人歷史等寫在筆記本上。

或許年輕人覺得跟自己沒什麼關係，但這種事誰都不知道，臨時可是準備不來的呀！

關於這一點，每天記錄的lifelog筆記倒是可直接充當臨終筆記。回顧過往人生，將刻劃在每個階段的重要記錄留給所愛的人看，也是lifelog筆記的可貴之處。

隨著筆記本的變厚、變多，也培養出自信

那麼從「整疊筆記本」看自己的過去，又能看到什麼呢？

簡單來說，看到自己**有了自信，感到十分安心**。

例如工作結束寫上「作業完成」。即便是如此細微的小事，對於充實自我心情還是發揮了很大的功效。

畢竟工作是結束之後又有新的任務被指派上身。有時候簡直就像是灑水在沙漠上一樣，感覺很空虛。

這個時候，**看到自己辛苦有成的活動績效呈現在筆記本的「實物」上時，自然會感到安**

心。

「雖然不多，但自己的確是一步一步在往前進。」

「比起筆記本中的自己，現在的我成績更加斐然。」

發出類似這樣的感想。

從「整疊筆記本」上看自己的成績，反而能更加確認自我。

沒有寫下來的話，不管是體驗還是成績都將缺乏實體。隨著記憶的逐漸淡薄，自己也少了好好認識自我的機會。

筆記知道自己曾經有過哪些成就。

與其跟其他人相比，沒有比自己看著筆記本跟過去的自己做比較，更能得到確實的充實感吧。**筆記本的冊數，其厚度代表著人生記錄以「眼睛能看見」的量在不斷增加**。如果以長遠的眼光來看待這件事，就能產生更大的自信。

過去的我也絕非藝高人膽大。

遇到重大的工作（例如寫書就是其一）也會擔心害

【筆記本冊數就是個人成績】

自信心其來有自　　沒有立足點

怕……應該說是經常會擔心害怕才對。不安的心情導致神經緊張，甚至有時鑽進被窩裡也難以成眠。

這個時候我會翻閱過去的筆記本。

筆記本裡留有過去辛苦完成的工作記錄。

大概是工作太忙，精神有些錯亂吧？許多記錄的字跡像是鬼畫符一樣凌亂。

看到那樣的記錄，總會心生下列的想法：

「即便行程那麼緊湊，還是能趕上截稿期限。所以這一次肯定也不會有問題的！」

「現在手上的工作，日後再回過頭來重看，大概也會覺得沒什麼大不了吧！」

「放心吧。以長遠的眼光來看，根本不是什麼問題。居然會緊張到睡不著覺，未免太蠢了。」

當瞬間意識到自己就站在這條從過去到今天，並且繼續延續到未來的「人生各階段」線上，自然就能以更寬廣的視野考慮事情。

可以說是達觀，也可以說是泰然自若吧，就像是在以人生爲名的大框架下、在悠遠流動的時間之中，思考著現在的問題。

這種自我激勵的做法，聽起來好像有些阿Q，但如果能振奮心情，又何必在意用什麼方法呢！

與其跟別人比業績、比薪資，比出焦慮不安又忿忿不平的心情，還不如自己給自己打氣，高高興興過日子會更好吧！至少我是這麼認爲的。

可以戒除「想要戒除的行動」

有些行動自己明知不可行，卻還是停止不了。以我個人而言，如暴飲暴食、熬夜、沉迷流連於網路世界等都是。

明知道「明天一早起來會宿醉得厲害」、「耽誤了工作進度，到時候可就吃不了兜著走」，偏偏靠著意志力就是克制不了自己。

可是只要記錄在lifelog筆記本裡，就能**逐漸減少這種浪費時間、毫無助益的行動**。

我很喜歡喝酒，以前每個禮拜會有一天喝得酩酊大醉，隔天在中午之前整個人會因爲宿醉而無精打采像失了魂似地，心想這樣下去可不行……後來就改爲每個月一次。

以前還會從早到晚掛在網路上，經常到了深夜才突然驚覺，自從開始認眞記筆記後，再怎麼迷網路，頂多上一個半小時就會收手。

那是因爲「**行動記錄**」發生了極大的效用。

・20:00～2:00 一個人喝酒。啤酒、燒酒、威士忌、烤魷魚、泡麵。醉得躺在地板上睡覺。

睡到剛剛八點才醒來。

☆宿醉好難受！頭腦裡面像是塞滿了石頭，房間也搖來晃去。

當我隔天起床書寫行動記錄時，自己也很愧疚「我怎麼這麼糟糕……」，一早起來心情就盪到谷底。

同樣的情況也會發生在工作上。「15:20～17:00上網搜尋下週東京出差要住的飯店，完成預約」，在筆記本上寫下這樣的行動記錄時，不禁自責「我是在幹什麼！居然花了兩個小時上網……」。

有過幾次類似的經驗後，不禁有了以下的想法：

「寫行動記錄時，因為不想再有那種討厭的感覺，今天決定不喝酒」、「天啊，再這樣子下去，最後就得寫上『今天整天掛在網上』。」

自然就能克制重蹈覆轍的行動。

一旦決定寫上行動與付諸實行，便經常會意識到「自己現在在做什麼」。於是也開始自動進行起自我管理。

這和岡田斗司夫先生於著作《別爲多出來的體重抓狂》（台灣方智出版）中所提倡的「筆記瘦身法」原理相通。一個減肥中的人是無法滿面春風地在筆記本上寫下「23:15吃了大碗的味噌奶油拉麵」。

除非戒掉吃零食的習慣，否則就得放棄書寫行動記錄。

所以只要行動記錄依然持續，就表示吃零食的情形減少了。

可見**行動與記錄有著深層的連帶關係**，讀者千萬別忽略了這一點。

可以持續「想要長此以往的行動」

我的運動神經遲鈍，就連接球遊戲也玩不好。

總覺得要想接住在空中飛來飛去的球是不可能的事。

【寫下行動就能做好自我管理】

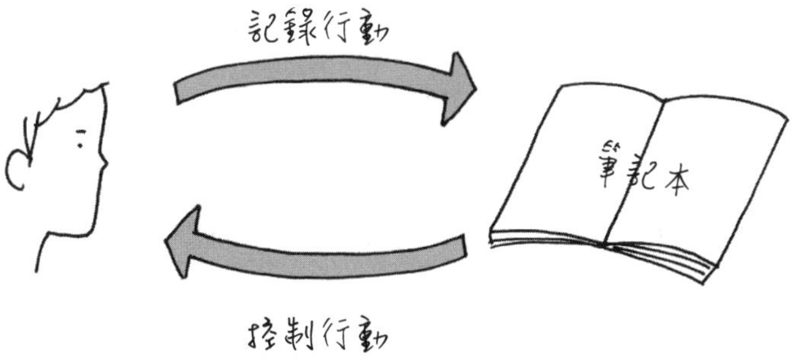

有同樣困擾的人應該能理解我的心情，光是聽到運動兩個字就會想起以前上體育課等不愉快的經驗，以至於到現在連稍微動一下都很排斥。

之所以突然提起此一話題，主要是想跟大家報告一聲：討厭運動的我透過lifelog筆記也開始運動了。

比起學生時代，我增加了約十公斤的體重。或許是因爲肥胖的關係吧，感覺動不動就很容易疲倦。

所以從二〇〇九年底開始，我決定每週進行兩次十五分鐘的健身訓練（交互蹲跳、仰臥起坐、伏地挺身）。

健身訓練就像是嚴刑峻法，絲毫沒有樂趣可言。唯一能讓我露出笑容的只有結束的時候。所以每週兩次的「健身日」一到，心裡就厭煩得不得了。不由自主地像動物園裡的熊在房間裡走來走去打轉。

然而即便是那麼討厭運動身體的我，也能持續半年以上的健身訓練，完全都是拜「行動記錄」的效果所賜。

當我在家裡完成健身項目後，肯定先不忙著擦汗，而是用還在顫抖的手書寫行動記錄。

・10:00～10:20完成健身訓練。各做五分鐘交互蹲跳、仰臥起坐、伏地挺身。
☆與其追求次數，更重要的是姿勢正確。今天感覺肌肉很吃緊，明天肯定會很痠痛。

寫下這樣的紀錄後，會有很大的成就感。

透過在筆記本上寫下「完成某事」所獲得快樂，就跟工作一樣。

也就是說，一旦開始lifelog筆記，不管是運動還是工作等方面，都會想要寫下讓自己能夠抬頭挺胸的行動記錄。

如此一來，就算是討厭的事情，也會產生「沒辦法囉，還是做吧」的心情。也就是能夠補強想要長期持續的動機。

濃縮成更簡潔好記的說詞，就是「**記錄持續，行動也持續**」。

透過書寫肯定「認真行動的自己」

減少想要戒除的行動、增加想要長期持續的行動。

累積下來就是「成長」。

如此一想的話，

「昨天吃太多，今天便收斂些，只吃了八分飽。」

「今天處理完所有郵件才回家。」

這些細微的瑣事也可說是成長的一小步。**即便只有前進一公釐，管它別人說什麼，這不就是「進步」嗎！**

一如人們常說的一句話：大成就都是從小事情累積而來的。

或許是因爲大環境不安定的關係吧，最近我的周遭增加了許多感嘆「不知道自己有什麼成就」的人。

依我來看，他們已經做得很好了。

每天規規矩矩上班，不再重複有問題的行動。但爲什麼還是會有「不知道自己有什麼成就」、「怎麼一點都沒有進步」的不安呢？

我想原因之一是**沒有留下眼睛能看見的紀錄**。

前面也提到過，累積行動記錄、增加自己的lifelog筆記本冊數，就是淺顯易懂「活生生的成績單」，可以和自信心

【所謂成長就是減少想要戒除的行動、增加想要長期持續的行動】

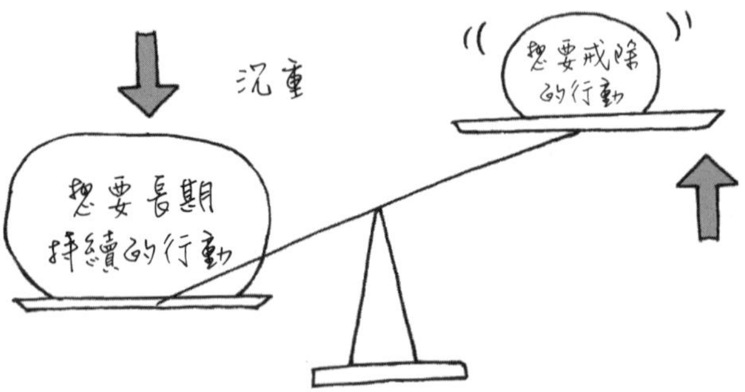

直接產生關聯。

但是從相反的角度來看，也可以說「**如果沒有書寫下來，人們是連自己『每天都很認真過日子』都不知道的**」。

終身僱用制度已然不存在的今天，每個人都無法預知自己的未來。而煩惱這種東西是只要稍微一想就接連不斷。

與其擔心那種事情，還不如回顧自己過去的成績，好好為自己打氣不是更聰明的做法嗎？

只要善加運用lifelog筆記，**即便微小也能確實掌握前進的「成長一步」**。這麼一來也就不會再看輕自己感到失落了吧！

NOTE BOOK

第 **2** 章

讓筆記本成為自己的分身

See your entire world in a single notebook.

可發揮效果的三大步驟「書寫」、「剪貼」、「重讀」

接下來對於如何開始lifelog筆記與步上軌道持之以恆，我將分別以**「書寫」**、**「剪貼」**、**「重讀」**三大步驟進行說明。

其實明明很簡單的lifelog筆記手法卻要刻意分階段加以說明，是有其理由的。因為大部分的人就是搞不懂什麼是「有什麼記什麼」、「為了呈現氣氛而貼上東西」。由於太過習慣將資訊分門別類、整理得條理井然，也強烈有著「就是應該那麼做」的先入為主觀念，以致聽到「自由運用筆記本」的要求時反而不知所措。而且這種人還超乎想像的多！

在我寫完《A6全能筆記術》不久後，收到讀者回音最讓我驚訝的是，很多人都表示自己是**「頭一次在筆記本上貼東西」**。

沒想到「筆記本是用來寫東西」的既定觀念如此深植人心。

因此以下就來看看如何能讓lifelog筆記的書寫、剪貼、重讀三大步驟能成為「自由運用」的日常習慣，以及可以從中獲得什麼樣的效果。

【以三大步驟營造成長感覺】

步驟 1 書寫

將自己的生活、時間流動化成看得見的形式

步驟 2 剪貼

設計筆記本的視覺效果，增添欣賞的樂趣

步驟 3 重讀

充分感受到逝去的時光與自我的成長

【步驟1】書寫——以「行動記錄」開始簡單的自我管理

作爲lifelog的第一步，首先希望讀者開始的動作是：**在筆記本上書寫「行動記錄」**。一如序章中所舉在新幹線車廂裡所寫的記錄一樣，拿出筆記本從第一頁開始寫。

不過**剛開始的時候不用太在意寫法，在習慣之前只要寫下日期、時間和做了什麼事即可**。例如：

「13:00～15:20整理、打掃房間。」

「15:30～17:00超市購物。」

只要寫下這些就夠了。

因爲一下子書寫太過詳細的記錄，容易感到麻煩，暫時先以平常寫備忘的方式進行，建立習慣。

一旦習以爲常後，再寫下具體的資訊，例如：

・**買了什麼東西**

- 寫電子郵件給誰
- 說了些什麼事

只是在一本筆記本上寫下行動也能為生活意識帶來很大的轉變。

【步驟2】剪貼——做出比「資料收集」更多內容的筆記

等到習慣在筆記本上書寫「行動記錄」後，接著是剪貼資料，以保存更具有生活感的「空氣」。

要將體驗過的一切寫成文字並非容易的事。

但如果只是將店家給的收據貼在筆記本上，就能省掉記錄在餐廳吃了哪些菜色、買了哪些商品的工夫。

而且一張廣告單或名片往往會**比任何長篇大論的記述都還要能傳達氣氛與喚起記憶**。

因此經常要有收集「可剪貼東西」的意識。自然而然地日後出門旅遊、到第一次去的餐廳用午餐、聽演說或講座時，就能提高注意力。

比起「只是走一趟」、「只是去看看」，**將會有更深刻的體驗**。

同時透過用剪刀裁切、用膠水黏貼的動作，也會使得記筆記的作業產生變化，比起光是拿起筆對著本子書寫會更有樂趣，不容易發膩。

這樣做出來的筆記本也會比寫滿密密麻麻的文字，**看起來更有趣**、**「更讓人想翻閱」**，**而勾起重讀的興趣**。

於是一個良性循環就此建立。書寫加上剪貼，這個作業本身就是讓體驗變得更有意義更具樂趣的工夫。

一張紙片道盡一切

爲了能讓書寫lifelog筆記的過程充滿樂趣，又能持之以恆，剪貼工夫是不可或缺的一環。

與其只是寫上「終於在高島屋買到想要的馬靴」的行動記錄，其實可於「在高島屋買馬靴」的文字旁邊用膠水貼上馬靴的**「商品說明吊牌」**。

這樣應該更能夠確實留下買馬靴時的體驗吧。**而且日後在翻到這一頁筆記時，一眼就能很快回想起買馬靴時的心情**。

貼在筆記本上的資料固然其文字和照片很重要，事實上**包含紙張的硬度、質感等都能成為購買馬靴體驗的「象徵」**。

因此除了行動記錄外，盡可能也留下具有象徵性的東西。

例如到四國出差時，除了寫上「13:12於松山車站下車」的文字外，並在空白處蓋上車站的紀念章。

如此一來在翻閱筆記本時，紀念章將成爲「象徵四國出差的符號」立刻映入眼簾。

另外買書的時候，也可以拆下書腰貼在筆記本上。小小一道工夫，絕對會比只寫下「買了○○書」，**更能留存買下該書時的印象**。

爲了不讓lifelog筆記的「行動記錄」都是文字，所以不妨經常利用剪貼紙片、蓋紀念章等方式增加視覺性的效果。這樣就能做出更能傳達「空氣」的有趣筆記本。

同時也能更有效率地讓體驗復甦，深刻留存在腦海之中。

在筆記本中放進某些「象徵」

例如車站、觀光諮詢中心的紀念章可成為「出差」的象徵，書腰則是「買書」或「閱讀體驗」的象徵。日常生活中可積極收集這類的東西。

透過手工作業連結「個人化」

甚至剪貼資料的作業，也有著**事先在腦海中整理好作業流程的好處**。

回家之後，剪貼資料、用紅筆寫註記，完成行動記錄後再貼上紙片，以手工設計版面。

我經常做這種事，稱呼這種作業是**行動記錄之餘的「體驗反芻」**。

剪貼的時候，爲了能讓日後重看可湧現印象，必須在貼法和版面設計上下點工夫。

這項作業跟報社「編輯部」的工作很類似。報社編輯部乃是負責排版，就報導文字、標題、照片、圖片等位置做出最後定案的單位。

編輯部負責人必須讀完所有記者送上來的大量文字稿，並決定報導的篇幅和下標題。

這個職位除了自己負責的內容外，比起寫報導的現場記者，所擁有的知識範疇必須更加寬廣與面面俱到。也因此能比任何人都早發現到報導文字中的一些問題。

如果說在筆記本上書寫行動記錄是「記者的工作」，那麼在筆記本上剪貼資料好增加看頭、給人留下深刻印象則可說是「編輯部的工作」。

不只是體驗過後寫下來就好，還要思考貼上什麼樣資料進行「版面設計」。透過此一過

程，可讓體驗變成專屬自己所有。

也許這種說法有些奇怪，總之就是讓體驗更貼近自己，變得更加「**個人化**」。

以我的情形來說，將在座談會、宴會認識的來賓名片貼在筆記本上時，常會發現意外的人與人的關係和某些細節，例如：

「一直以爲他們兩人的交情特別好，原來是夫妻呀！」

「那個人的辦公室就在我常去的書店隔壁大樓裡，下次上去打個招呼吧！」

於是我注意到刻意透過手工作業剪貼資料，可以重新回顧體驗，發掘出更深入的資訊。

【「行動記錄」是記者，「版面設計」是編輯部】

【步驟3】重讀——經由「重讀」逐漸改變自我

到此我們已依序說明讓lifelog筆記踏上軌道的各個階段。

首先只需要書寫行動記錄，寫下自己行動的變化與成長的過程。其次不單只是書寫，還要剪貼資料，下工夫做出有視覺性效果的「版面設計」，留下印象更深刻的體驗，整理並寫出新的發現。

最後剩下的步驟是「**重讀**」。

一如序章所提到的，**許多人之所以不懂得充分活用筆記本的一大理由就在於「重讀」做得不夠確實**。

關於如何將重讀深植於生活之中的具體方法，將於第五章說明，這裡僅先概略說明「重讀」具有哪些意義。

重讀lifelog筆記看似回憶過往，產生懷念之情，其實大不相同。

經由重讀，**除可了解自己的強項和弱點外，也能獲得重整個人思緒、掌控自我想法等好處**。

唯有「書寫」、「剪貼」、「重讀」三步驟齊備，才能百分之百發揮lifelog筆記的效果。

請千萬不要忘了這一點！

隨意翻閱獲得的「意外發現」

爲什麼要重讀lifelog筆記呢？

我認爲最具有效果的是，**可綜合過去的各種體驗產生新的發現**。

我常常爲了轉換心情，而到不同的咖啡廳工作，翻閱當時的筆記內容，我發現到一個有趣的事實。

「許多重要的點子，竟是在那家店的櫃檯座位上產生的。」

一如本章開頭所提到的，爲了不讓記錄有所缺漏，我會將臨時想到的點子連同行動記錄一起書寫在lifelog筆記本上。

結果重新翻閱時，發現大多都是發生在「那家店的那個

【重讀可誘發自我發現】

從過去寫下的行動記錄
尋獲新的發現和創意線索。

座位上」。由於行動記錄以「@」符號標示「所在的場所」，因此一眼就能看出是在哪間咖啡廳進行的作業。

儘管沒有清楚寫出「在哪個座位進行作業」，但因爲記憶中存有想出該點子的興奮感，而能回想起「的確是坐在櫃檯最左邊的位置」。

我並不相信超自然現象，但認爲空間、座位的舒適度、氣氛等有助於思考，也就是說，有所謂「容易想出點子的場所」。

類似的發現也常見於其他狀況。例如：

「午餐吃生雞蛋可提升工作效率。」

「睡眠超過八小時的日子，可增進注意力。」

「上午十一點以前，可在圖書館找到有電腦插座的位置。」

這些都是「**專屬個人的發現**」。

只是透過重讀，就能在工作和生活上逐漸累積類似「傾向與對策」的東西。

重新運用體驗，創造現在的自己

所謂「重新運用體驗」，是指重讀**lifelog筆記本上過去的記錄，並活用於今後的行動之上**。

舉個單純的例子，像是出差的記錄。

當決定下個禮拜前往好久沒去的名古屋出差時，便先調出兩年前名古屋出差的行動記錄重讀。上面寫著：

「因為搞錯車站差點遲到。」

於是可事先擬出對策：

「說的也是，因為名鐵的車站看起來都很像，這次記得要帶路線圖去。」

其他像是對隔天的說明會沒有信心時，可事先重讀過去成功的說明會記錄。因為上面寫著：

「開始之前躲進廁所，配合動作實際操演過一遍。」

就像是一種迷信，於是決定：

「明天也提前到會場，先進廁所在腦海中進行彩排吧。」

像這樣，**除了單純從過去的行動中學習經驗，有助於今後的行動外，「重讀」也能用於個人表現狀況的掌控**。

一旦讀到過去自己的缺失和冷汗直流的情境時，就可以自我警惕、繃緊心情：

「這裡千萬不能掉以輕心。」

如果讀到表現得不錯的行動記錄時，便會產生以下的想法：

「爲了得到同樣的感受，就算辛苦也得努力！」

這種控制個人心情的「開關」，也能運用在lifelog筆記本上。

自我思考，並能用自己的語言陳述

寫完的lifelog筆記就是一本讀物，也可說是一本書。

而且無庸置疑是「**自己所寫、關於自己的一切、世界獨一無二的書**」，甚至可直接取名爲「**我的書**」。

手邊放著自己的書，可以作爲思考的靈感來源，時不時翻開來看。而且重讀自己過去寫下來的文字，如果又產生新的想法也可寫在目前正在使用的lifelog筆記本裡。

由於出現在過去lifelog筆記本中的書和電影的標題、行動記錄、資料等都是自己親身接觸過的，所以不須細讀，只要瀏覽個兩三行，印象立刻復甦。

以我的情況來說，常常因爲重讀筆記本的關係，而**改變了自己現有的想法**。

就「讀物」而言，應該算是相當刺激的作品吧。閱讀世界獨一無二的「我的書」，我的感想是：**就像在跟如今已經不存在的過去的我進行對話一樣**。

不同於書店販售的書，因爲作者是「自己」。而且都是曾經在腦海中有過的資訊，自然看得懂內容在說些什麼。就算寫得語不驚人死不休，那也是自己的語言。

而這一點對於讓自己的腦筋靈活運轉倒是能意外派上用場。

最近常聽人說政治人物和媒體說出來的話總覺得好像在哪裡聽過，了無新意。我認爲原因之一就在於「**人云亦云**」。

只要哪裡又冒出個新興熱門的頂尖企業家，對方說什麼就照單全收。書上寫的事情也毫不遲疑地轉化成自己的想法。結果說出來的東西，都像是別人說過的話，聽了不禁令人納悶「怎麼又是這一套」！

要想扭轉這種人云亦云的現象，就必須重讀lifelog筆記。

【世界獨一無二的「我的書」】

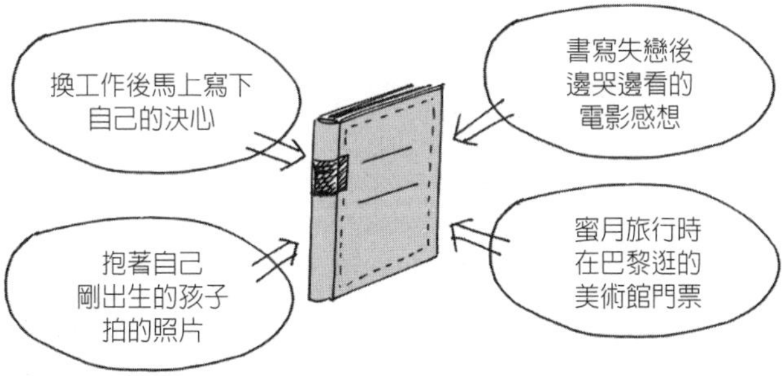

換工作後馬上寫下自己的決心
書寫失戀後邊哭邊看的電影感想
抱著自己剛出生的孩子拍的照片
蜜月旅行時在巴黎逛的美術館門票

不單只是取用書和部落格等別人做出來的資訊，**如果也能好好吸收自己所寫的記錄、剪貼的資料，花長時間整理自己的想法，才能有深入的看法。**

慢工出細活的結果，自然能用自己的語言表達出自己的看法吧。

一切都是為了「輕鬆書寫、留下生動記錄」

如果只是輸入資訊，電腦、智慧型手機等數位工具當然比較好用；可是要想留存「空氣」，就不能透過數位，必須以「手寫在筆記本」類比方式進行記錄。

而且透過書寫筆記本、剪貼資料和重讀，進而能掌控自己的行動，並學習在頭腦中整理與反芻體驗，讓自己慢慢成長與增加自信心。

雖然是老生常談的一句話，我還是要強調：lifelog筆記跟讀書一樣，都是**「成就自我的行為」**。

我們常會聽到「要多讀書」的勸告，卻很少聽說過「將行動記錄在筆記本上」的呼籲。

讀到這裡，應該有許多人已心生「那就試試看吧」的念頭吧！

在實際開始lifelog之時，該如何選擇適合留存「空氣」的記錄裝置——筆記本呢？以及在日常生活中該如何使用呢？

一如前面已經說明過的，lifelog和讀書、工作上所用的筆記本、記事簿和日記簿不同。**它不只是單純的工具而已，必須作為自己的分身**。

因爲和一般的用法不一樣，因此不見得過去覺得好用的筆記本就能適用。

重點在於選擇適合你生活型態的商品，並花費工夫愉快享受「書寫」、「剪貼」和「重讀」的過程。

主軸必須放在筆記本上

開始lifelog時，首先必須意識到這一點。

做好筆記本的一元化記錄。

這年頭除了手機、數位相機、記事簿之外，甚至有很多人出門還會帶著智慧型手機和筆電吧。和朋友出去玩，舉起手機拍照，透過推特社群網路發表自己正在做什麼等，已經是司空見慣的現象了。

那麼是不是說行動記錄可以在各種媒體上散布呢？那可不一定。**就算拍了照片，行動記錄**

最好還是書寫在lifelog筆記本上吧。

例如星期天跟來東京玩的朋友一起去六本木之丘觀光，並且共進晚餐。還用手機拍了許多照片。儘管如此，也千萬不能有敷衍了事的想法：

「今天拍了很多照片，而且跟朋友約見面的郵件還留著沒刪除，所以今天沒寫行動記錄也無所謂。」

就算內容很簡單也好，還是得在筆記本上寫下：

「100919 21:42 因爲酒井來東京，陪他一起觀光。去了六本木、淺草。在東京車站吃沾麵、啤酒。」

爲什麼必須這麼做呢？**因為跟日後參閱筆記本的印象有很大的關聯。**

由於電腦打字的檔案、郵件、數位照片等會留有完成時間和更新時間，只要看那些數字立刻就能知道記錄的時間。

可是我們不見得總是帶同一台數位相機出門，存放在手機、電腦、電子信箱和網路社群裡的資訊很容易丟失。結果並**不能像筆記本的前後一貫，可以參閱「人生不同的階**

【筆記本是行動記錄的主軸】

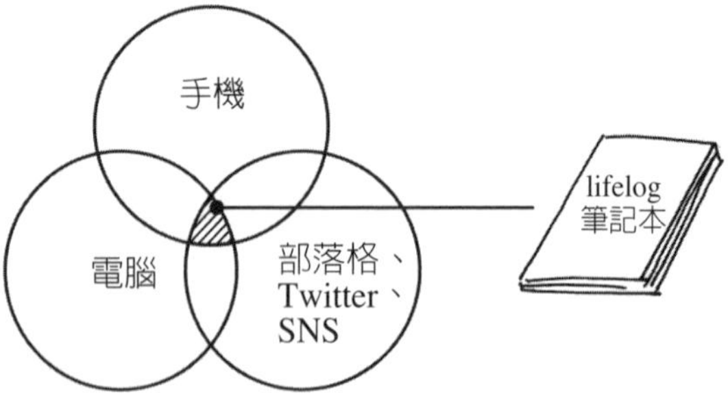

段」。

至於沒有寫下行動記錄時，一個禮拜過後或許還能記得「九月十九日朋友來……」，但一個月後呢？

肯定會變成「咦？九月十九日沒有留下任何記錄，到底那一天做了什麼呢？」

要是過了一年就完全忘得一乾二淨，也不可能刻意找出當天的電子郵件加以確認。

所以就算在部落格、數位相機裡留有數位化的記錄，「行動記錄」的重心還是必須留存在筆記本上。

當然也許有人會說，只要有心也可以仔細重讀電子郵件和手機上的部落格，調查自己做了些什麼事，問題是一般人總是提不起勁那麼做。

還不如花點時間直接在筆記本上寫下「今天跟酒井一起出去玩」，**事後只要翻閱筆記本就能一目了然，而且又能永久保存，多省事。**

不斷嘗試，選擇能成為「自己分身」的那一本

接下來要介紹具體選用lifelog筆記本的方法。

目前我用來記錄lifelog（配合行動記錄，任何內容都能書寫）的筆記本是一般**A5尺寸的筆記本**。

基本上使用的是KOKUYO「**Campus筆記本**」，**張數約七十張的厚度**。其他如果在文具店看到喜歡的筆記本，也會買下來備用。

不過考慮到排列在書架上的狀況，只有大小會固定選用A5的尺寸。從我開始書寫lifelog的二〇〇四年到二〇〇九年底，一如我在書中提到的用的是A6（文庫本尺寸）甚至更小的筆記本。

但是從二〇一〇年初起改用大一倍的A5尺寸。

理由是，首先書寫和剪貼的內容增加了，同時也因爲坐在書桌前的時間變得比以前長，比起攜帶的方便性更重視記錄量的多寡。

A5因爲空間大，所以容易書寫。相反地，對於經常要帶出門的人而言，則顯得太大。因此經常外出的人或許跟我以前一樣在口袋裡塞本A6筆記會比較好吧。

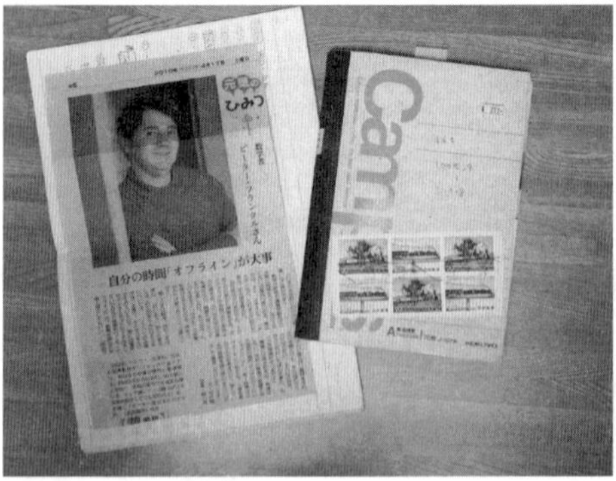

愛用的A5 Campus筆記本

A5攤開來就是A4的大小，便於貼較大的剪報。而且表皮的面積夠大，可以充分發揮創意裝飾，不過帶出門時就得放進包包裡。

由此可見，就大小來說，並沒有所謂「最強的一本」，而是因每個人的生活型態而異吧。

像我個人就是從A6換成A5，也還在摸索中找尋頁數較多的筆記本。

然而在使用過不同廠牌的筆記本後，自然看得出各自的優缺點。

「這種的格線太粗。」

「如果頁數多一倍就好了。」

「這個廠牌的筆記本只有紙質沒話說。」

如此累積下來的經驗，也能在尋找下一本筆記本的過程中發生作用。

過程雖然辛苦，但願能找到適合作爲自己分身的「理想筆記本」。或許有人會覺得很麻煩，但這也是lifelog的樂趣之一。

爲了找尋符合個人需求的筆記本，除了文具行、雜貨店，甚至在國外看到紀念品店也會跑進去逛。

每年選用記事簿總讓人考慮再三充滿迷惘，相對地也充滿樂趣。換言之，尋找lifelog用筆記本就像是一年又多了幾次選用記事簿的機會。**到處尋找購買，思考下一本該有什麼樣的功能，這樣的行為本身就很有趣**。

選用筆記本重點不在於「哪一個廠牌比較好」，而是要意識到以下所提示的選擇要點。

最後就是使用不同的筆記本進行比較，並找到適合你生活型態和嗜好的商品。

POINT 1 尺寸便於到處帶著走嗎？

第一個我認爲最重要的考慮因素是「**能否便於到處帶著走**」。就算格線或紙質都符合個人喜好，如果不是隨時都好用的筆記本，只怕久而久之就不會想帶在身上。

例如KOKUYO的「**Campus筆記本**」、「**文庫本筆記本**」、MIDORI的「**MD筆記本**」等A6尺寸（文庫本尺寸）、「**MOLESKINE**」的pocket尺寸（略小於A6）等筆記本，就便於攜帶而言，應該可說是最好用的吧。

可以塞進西裝上衣的內袋。有些公事包還附有文庫本專用的口袋，抽取也很方便。

而且幾乎所有的記事簿、文具廠商都會生產A6尺寸的商品。空間不會太小，字大的人也能輕鬆書寫，所以我十分推薦作爲lifelog筆記本。

另一方面，面積大A6一倍的A5尺寸，多少有些不便攜帶，但**很適合剪貼資料**。畢竟有很多剪貼資料不能摺疊。我用了一百五十多本A6筆記本後改用A5的理由之一，就是因爲越來越喜歡剪貼資料。

文庫本筆記本
（KOKUYO）

Campus筆記本A5+A6
（KOKUYO）

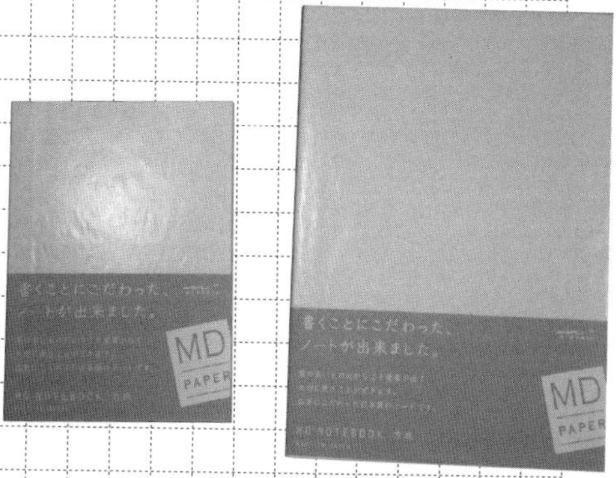

MD筆記本A6+A5
（MIDORI）

MOLESKINE pocket+L
（MOLESKINE）

POINT 2

橫式還是直式？左右翻頁還是上下翻頁？

lifelog筆記本不只是在家裡，**也經常會在外面使用**，例如公司辦公桌前、咖啡廳裡和電車上。除了坐在桌前使用外，也必須考慮到在電車裡站著書寫，還有坐下來將公事包放在腿上再攤開筆記本書寫等狀況。

通常辦公用的書桌深度約六十公分，上面放有電腦螢幕和鍵盤。如果要攤開直式筆記本書寫恐怕略嫌狹窄。

在這種情況下則可使用橫式筆記本。類似心智圖（Mind Map）的橫式筆記本應該比較適合習慣視覺表現的人吧。如果是空白頁面的筆記本，就可以自己決定當作直式或是橫式運用。燕牌筆記本有生產「**Nature**」和「**E型筆記本**」兩款橫式筆記本。

此外筆記本也有分左右翻頁和上下翻頁兩種。MOLESKINE的「**Reporter**」和RHODIA「**Notepad A5上下翻頁**」的方眼筆記本，既可當成橫式使用；也可以直接掀開，站著就能書寫。

有時候也可以到有切割機的影印專門店「Kinko's」，請他們幫忙將普通筆記本從中切開，做成兩本橫式（或直式）的筆記本。

NatureA5筆記本(燕牌筆記本)
E型筆記本(燕牌筆記本)

MOLESKINE Reporter
(MOLESKINE)

於Kinko's將A4 Campus筆記本
對切裁成橫式筆記本

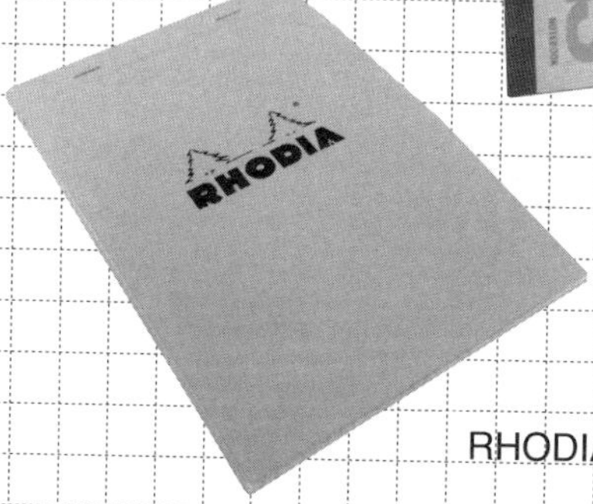

RHODIA Notepad A5上下翻頁
(RHODIA)

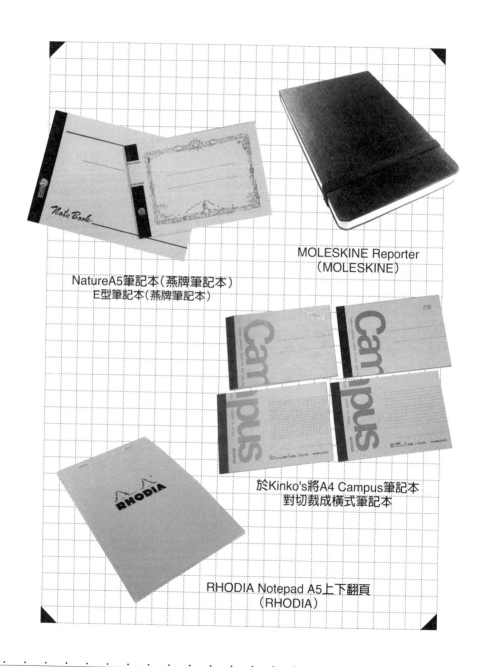

POINT 3

攤開的感覺如何？

使用裝訂方式符合自己需求的筆記本，對於增進書寫lifelog的手感也是很重要的一環。因爲裝訂方式的不同，筆記本攤開的感覺也不一樣。

文具店裡賣的筆記本，裝訂方式大致可分爲無線裝訂、線裝、訂書針裝訂和鋼圈裝訂。**鋼圈裝訂**的好處是容易攤開，內頁可三百六十度翻頁。相對地鋼圈也比較佔空間，放進包包裡容易勾扯到其他東西。

跟雜誌一樣的**訂書針裝訂**則是攤開情況較差，中間部分容易凸起，書寫起來不太方便。

所以我最常用的是**無線裝訂和線裝的**筆記本。無線裝訂的推薦「**Campus筆記本**」，線裝則推薦「**MD筆記本**」。

Campus筆記本比起其他無線裝訂的筆記本耐用，紙張不容易脫落。MD筆記本在所有線裝筆記本中攤開程度最爲平整。

倘若讀者有意選用鋼圈裝訂以外的筆記本，不妨試著從這兩種開始。

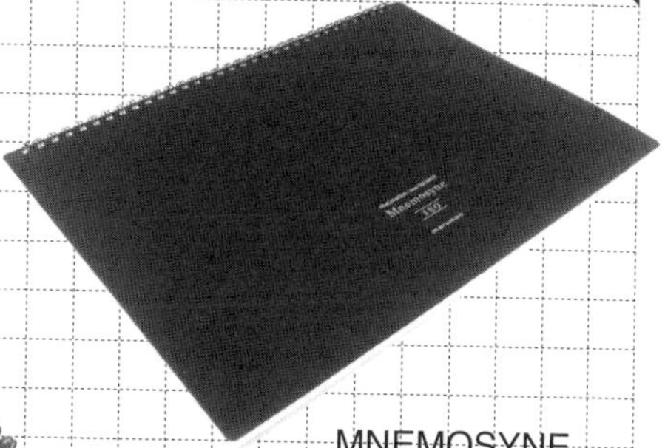

MNEMOSYNE
（MARUMAN）

雙環筆記本A5+A6
（無印良品）

Campus筆記本
（KOKUYO）

MD筆記本
（MIDORI）

POINT 4

張數夠嗎？

既然要作爲lifelog筆記本，**應該張數越多越好用吧**。雖然包包會變重，但至少要能連續使用一個月才行。同時盡可能集中成同一本，日後回顧行動記錄也比較輕鬆。

張數太少的話，很有可能出外旅行用到一半就沒了。而且因爲擔心張數不夠，一路上老是猶豫著不敢盡情書寫和剪貼，豈不是太蠢！那還不如一開始就放膽使用張數較多的筆記本。薄筆記本使用的期間短，結果回顧翻閱時會發現怎麼都是最近才發生過的事。自然重讀起來也沒有什麼樂趣可言。

張數多的筆記本中，推薦我最常用的是「**A 5 Campus筆記本**」（七十張）、「**B 5 Campus筆記本**」（一百張）、「**A 5燕牌筆記本**」（一百張）、「**NOBLE NOTE**」（一百張）等幾種。「**MOLESKINE**」也有推出將近兩百張的產品，簡直跟書本一樣。

同一本筆記本用久了，表皮會變得破舊，相對地也能激起珍重愛惜的心情。

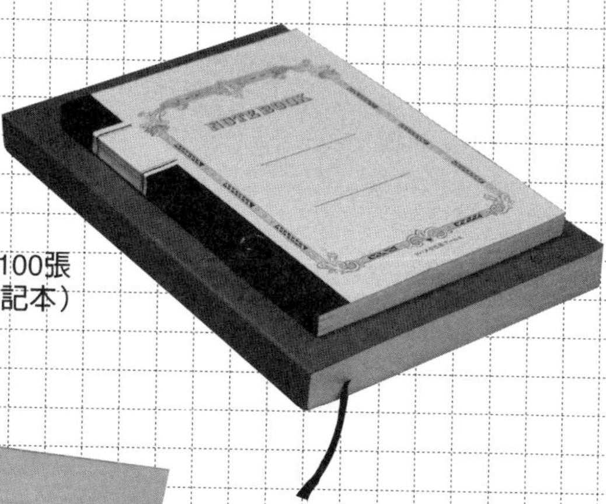

A5燕牌筆記本100張
（燕牌筆記本）

B5Campus筆記本100張
（KOKUYO）

NOBLE NOTE100張
（LIFE）

POINT 5

格線和紙質符合目的需求嗎？

內頁使用什麼樣的紙張，也是選擇筆記本的重點之一。

首先，**格線是否符合個人的使用方式**。以格線來分類筆記本，選項有「橫線」、「空白」和「方眼」幾種。通常如果只是書寫行動記錄，橫線筆記本就可以了。但如果要畫插圖，沒有任何其他線條的空白筆記本較合適。製作圖表時，有方眼的格線比較方便。

空白筆記本中，無印良品的「**文庫本筆記本**」（A6）、「**單行本筆記本**」（略小於A5尺寸）沒有多餘的裝飾，張數也多，所以深得我心。方眼筆記本中「**MD筆記本**」、「**MOLESKINE**」、KOKUYO的「**FILLER NOTE**」都很好用。

除了格線，還要考慮跟筆的屬性相容與否。有些紙張會讓墨水暈開或透到紙背。常用鋼筆的人可以嘗試採用高級「大頁紙（foolscap）」的「**燕牌筆記本**」。由於鋼筆書寫的滑順程度比普通紙張好，有助於提升寫作心情。找到和自己愛筆屬性相合的筆記本，肯定能讓行動記錄的樂趣更上一層樓吧！

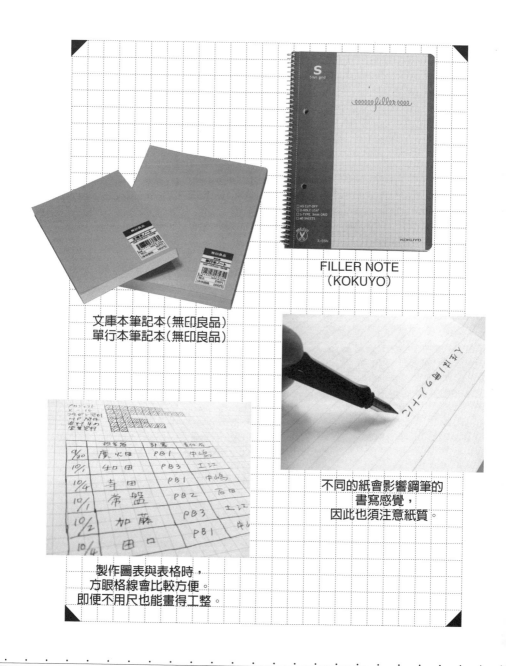

FILLER NOTE
（KOKUYO）

文庫本筆記本（無印良品）
單行本筆記本（無印良品）

不同的紙會影響鋼筆的
書寫感覺，
因此也須注意紙質。

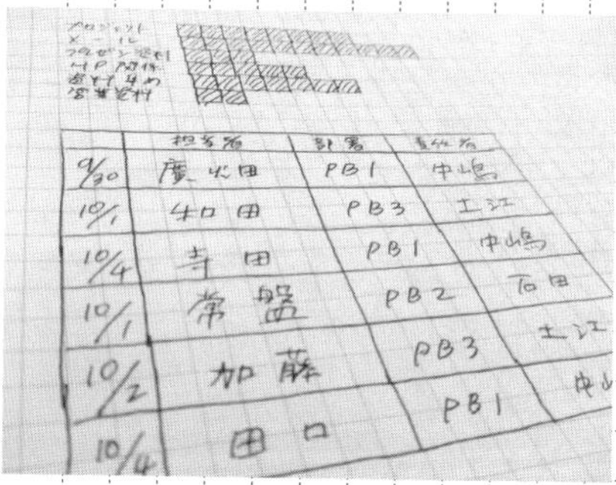

製作圖表與表格時，
方眼格線會比較方便。
即便不用尺也能畫得工整。

補充1：日期別的筆記本

前面已經列出我所認爲的筆記本選用要點，但或許有些人覺得「不想用那種到處都可見的普通類型，而是有所分類比較好用的筆記本」、「希望用比較特別的筆記本」。以下就介紹幾本有別於一般的筆記本（包含日誌）。

首先是一天一頁形式的筆記本。

這種形式可分爲文庫本尺寸和A5尺寸兩種。最有名的是「天天日誌（ほぼ日手帳）」，大部分的愛用者除了書寫預定事項外，也拿來寫日記、貼上電影票根、照片等，當作lifelog筆記本使用。

MOLESKINE也有推出一日一頁形式的「Daily Diary」產品。因爲超過了三百六十五頁，比普通的MOLESKINE筆記本要厚重許多。

其他像是新潮文庫的日期別空白筆記本「我的書」也値得參考。閱讀新潮文庫時，拿在手上書本會漸漸變得「軟趴趴」的，即便不用手刻意按住也能完全攤開，我很喜歡那種感覺。這個文庫本筆記本也是一樣，只要用上一年自然能產生特殊的味道。

天天日誌
（ほぼ日手帳）

MOLESKINE Daily Diary
（MOLESKINE）

我的書
（新潮社）

補充2：目的別筆記本

接著是根據旅行遊記、讀書或電影等感想、育兒日誌等不同目的分別書寫用的筆記本。

MOLESKINE有一款以東京、京都、巴黎等知名城市爲主的「城市筆記本」系列。另外就像插入式記事簿，內頁可自行調整的「Traveler's Note」也很受歡迎。許多人不單只是拿來作爲旅行記錄，也用在日常的記事上。

「Lifestyle Note」分爲讀書、食譜、旅行、咖啡廳、電影等五種。MOLESKINE的「passion」系列則是分爲食譜、葡萄酒、書本、電影、音樂、健康管理共六種。

Quo Vadis的「MEMORIAE」分得更細，包含高興的事、悲傷的事、將來的夢想、育兒、戀愛、交友、週末活動、旅行、藝文、烹飪、葡萄酒、運動等，共有十二種。

這些「目的別」的筆記本，除了有容易整理各種資訊的欄位和格線外，最大特色就是有附上方便標示用的貼紙、類似電話簿可以一目了然的「分頁索引」等別出心裁的設計。

作爲自由記述的lifelog筆記本，相信也能憑添樂趣的。

MOLESKINE城市筆記本
（MOLESKINE）

Traveler's Note
（MIDORI）

Lifestyle Note
（Mark's）

MOLESKINE passion
（MOLESKINE）

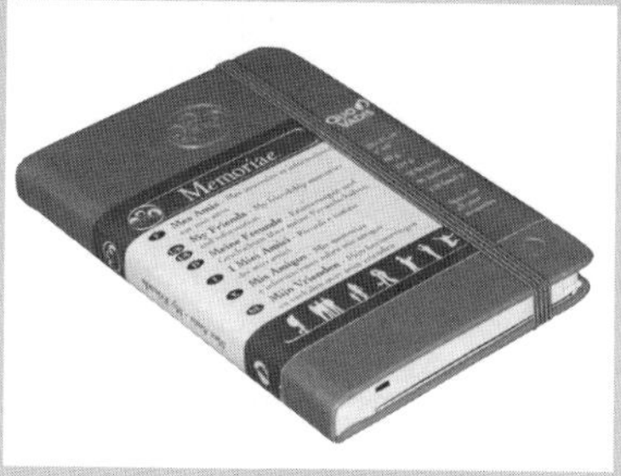

Quo Vadis MEMORIAE
（Quo Vadis）

補充3：有存在感的筆記本

最後介紹不同於普通筆記本，有特殊存在感的筆記本。

我個人的建議是，平常日子當作消耗品可大量使用學生筆記本，遇到出外旅行、工作升遷或搬家等生活起變化的時候，不妨轉換心情拿出之前「特別買下備用的筆記本」。

二見書房的「白色的書」是硬皮精裝的書本型筆記本。類似文學作品、學術用書的高級裝訂，充滿「專爲記錄寶貴人生之筆記本」的風格。分爲Ａ６和Ａ５兩種，Ａ６的附有透明書套，Ａ５附有書皮和紙盒。內頁完全空白，沒有印上日期和頁碼。

同樣是書本型的筆記本，比較平易近人感覺的是集英社文庫的「蜜蜂筆記本」，內頁也沒有日期和格線。只有在每一頁都印有蜜蜂的小圖案，感覺很溫馨。

「測量野帳」原本是野外調查用的硬皮筆記本，獨特的知性風格也受到女性的喜愛。除了好用外，也輕薄便於攜帶，而且站著也能書寫。可說是偏好性和實用性兼具的筆記本。

白色的書
（二見書房）

蜜蜂筆記本
（集英社）

測量野帳
（KOKUYO）

NOTE BOOK

第 3 章

如何留存在筆記本上

See your entire world in a single notebook.

有助於持之以恆的「記錄工夫」

是否找到了自己分身的lifelog筆記本呢？

「就是找不到合自己意的筆記本。」

即使有這種想法也無所謂，總之先帶著之前「差強人意」決定的筆記本，開始用看看吧！因爲往往要開始使用之後，才會逐漸了解什麼尺寸、哪一種裝訂方法、什麼樣的格線最適合自己的使用方式。

開始記錄lifelog之後，長則兩三個月就能寫完一本筆記本。換句話說，很快又會有嘗試用不同筆記本的機會到來。

我也經常在換筆記本。固然是爲了找尋更好用的，但其實**買新商品試用本身就是一件快樂的事**。

選好筆記本後，本章將繼續說明「如何書寫筆記」。

——書寫行動記錄。

——剪貼資料。

說起來好像很簡單，但如果只是列出文字，貼上資料就沒什麼趣味可言了。

如果就像寫業務報告的電子郵件一樣，將會感覺作業過程枯燥乏味，自然也就難以持續下去。

寫法必須能在事後重讀時感受得到當時的興奮和氣氛，資料留存的方式也能傳達現場的氛圍，才會起心動念想要「下工夫將今天的體驗書寫在筆記本上」。

這樣做出來的筆記本，會讓人不時就想翻閱重溫。也因爲重讀之後感觸良深，更願意下工夫記錄。從而產生良性循環。

發掘各種記錄方法、進行嘗試、下工夫改善，絕非累人繁瑣的作業，反而會讓人「上癮」，讓記錄lifelog容易持續下去。

【因為用心才想重讀、才能持續】

剪貼．更換筆記本．運用工具，樂在其中

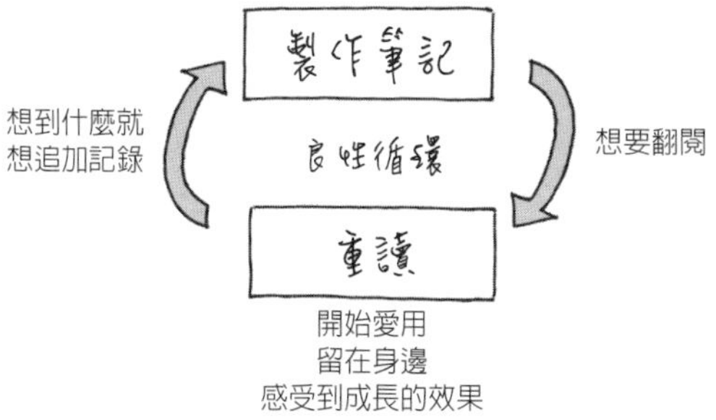

面對筆記「調適（recreation）」自我

在記錄方法下工夫的好處並非只有樂在其中、持之以恆而已。透過書寫lifelog筆記和擁有重新翻閱的時間，**可以讓自己跳脫平日的常軌從旁審視人生**。換句話說，具有「**調適（recreation）**」的效果。

除了自我以外，每個人日常都得接觸工作、學校、家庭等外在的世界。每天光是往返於好幾個不同的世界，精神上便已經疲憊不堪。

有時候心情會變得空虛，不知道自己究竟爲什麼而活；有時候在壓力的積累下而遷怒他人。稍微出一點小錯就大驚小怪，爭吵不休。

爲了不讓自己變得如此短視，**就必須跳脫開來從旁觀察自我**。

獨自沉溺於興趣之中或是外出旅行，也是一種解決方法。但總不能老是把自己關在房間裡，或經常外出旅行吧！

如果能在生活周遭找出用更寬闊的視野審視自己人生的時間，應該就能過得更安然自在吧。

書寫lifelog筆記本，只要做得好便能達到那種「**調適自我**」的功能。

儘管因爲運動或登山而累得筋疲力盡，但只要無所事事地閒窩在家裡，心情自然能得到解放。**那是因為脫離生活常軌，能夠整理擔憂焦慮和不安的心情，進而重新調適自我。**

白天翻開筆記本，書寫下自己做過的事和感想。

夜裡，一邊剪貼今天收集的資料，一邊回想白天發生過的事。

就像是一個人的旅行，或許「跳開一步」有些困難，但只要能跳開半步，自然就能擴展視野。

透過書寫將體驗拉近自己，加以「個人化」

生活中隨時持有「寫在lifelog筆記本上」的意識，**其好處是讓體驗變得更加濃醇深刻**。

【Lifelog是個人獨有的「調整機制」】

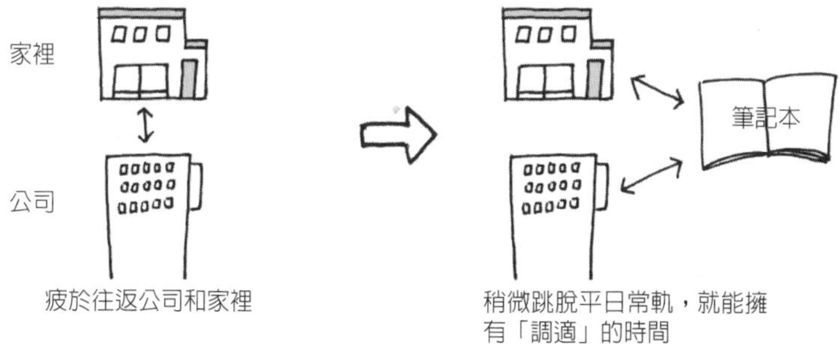

疲於往返公司和家裡

稍微跳脫平日常軌，就能擁有「調適」的時間我在序章曾提過：將行動記錄在lifelog筆記本上，可避免體驗的只做不留。

換個說法，也就是「**將體驗變成自己的東西**」。一如前述，我稱之爲「**體驗的『個人化』**」。

例如前去美術館看展，儘管同一時間人在現場，比起單純只是看完展就回家，觀賞時心中想著：

「之後去咖啡廳，將票根貼在筆記本上整理感想吧。啊，這幅畫真棒，待會兒的感想一定要提到才行……。問題是該如何用文字來形容此刻的感受呢？」

後者體驗的濃度肯定大不相同吧。

如果只靠記憶卻沒有書寫下來，印象隨著時間經過而淡薄的速度也會很快。日後再回想時，即便是自己的體驗也會感覺像是別人做過的事，很難產生真實的感受。

心情低落的時候，想到以往更加難過的經驗，就能繼續忍耐下去。感覺變得遲鈍的時候，回想起最初曾有的感動，就能喚回新鮮的心情。如果只靠記憶沒有書寫下來，也就無

【透過Lifelog將體驗「個人化」】

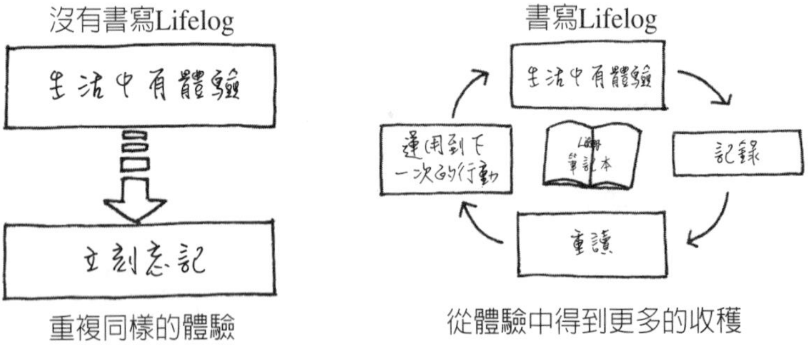

法享有這種「體驗再利用」的好處。

只要將行動記錄在筆記本上，不但可確認過去做過的事和曾經有過的想法，重讀之餘也能產生第三次、第四次的追加體驗，可讓一個體驗品味到最大極限的程度。

但如果沒有寫下來，就無法個人化，無法經由閱讀產生追加體驗。

所以不管任何事項，先寫在筆記本上再說。這可說是充分利用體驗的最重要一小步。

為了重讀而寫入的WHY、HOW資訊

接下來要介紹具體的書寫技巧。使用這些手法就能讓記錄lifelog變得輕鬆有趣、內容簡潔易懂。

首先是將行動記錄在筆記本上的理由。

這是**為了事後重讀，好對當天能產生追加體驗**。

所以重點在於必須用日後重讀也能看得懂的文字，盡可能地翔實記錄。字寫得不好看，並非太大的問題。我個人也常寫出連自己都無法分辨的字跡，透過文章的前後關係，多少還是能掌握意思的。

主要問題點在於「**書寫的詳盡程度**」。以我來說，採行的方針是「**事過三個月後，也能看得懂發生什麼事**」的程度。

事過三個月後，自己正在進行的工作內容、關心的事物和問題意識也會產生極大的變化，就連季節、正在閱讀的書，也跟書寫記錄的時候大不相同吧。

抱著不讓事後有「這一天自己到底做了什麼事」的疑惑而留下記錄時，自然就能寫出日後重讀也能看得懂內容的記錄。

具體來說，首先要盡可能地寫下「**專有名詞**」。

關於這一點，其實不必太刻意。因爲lifelog是自己看的東西，經常去的車站、經常聯絡的人、常去的店家等等，就算以省略的方式記錄，事後再看一樣心知肚明。

相對要注意的則是那些很容易忘記的「**WHY**」、「**HOW**」資訊。

「爲什麼想要看那部電影」

「爲了慶祝什麼而有的餐聚呢」

「爲了什麼事而寫的電子郵件」

【重視WHY和HOW】

- WHEN → 日期（六位數）和時間（24小時）
- WHERE → @××（場所）
- WHO → 和誰一起做的（記錄自己以外的人）
- WHAT → 做了什麼
- WHY → 為何而做
- HOW → 怎麼做、做到什麼程度

（WHY、HOW）→ 有所意識地書寫

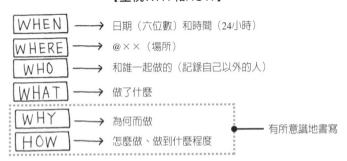

這些事情往往過了三個月就忘得一乾二淨。

因此行動記錄不能只寫下：

「去逛梅田的3C賣場。」

「寫信給半田。」

「跟孩子玩。」

而是要詳細寫下：

「到3C賣場看想在夏天的長野旅行帶去的數位單眼相機。」

「寫信給半田，謝謝他上個禮拜送的醃昆布禮盒。」

「玩拍手遊戲時，小嬰兒高興地手舞足蹈。」

如此一來，幾個月後重讀，**瞬間就會浮現「啊，原來那個時候我心裡想著這些事呀」，立刻就能掌握當時的狀況和「空氣」**。

不用在意「行動段落」而是「臨時想到」就寫

一旦開始這種「翔實」的行動記錄，將會產生什麼樣的後果呢？**必須寫出相當數量的文**

字。畢竟比起單純寫下「做了某事」，寫出「爲了什麼而做某事」的字數肯定會增多。

所以爲了不要囤積行動記錄，**請每隔一兩個小時就書寫一次**。

因爲書寫的內容往往只需要一行字，所以只要利用工作中視線稍微從電腦螢幕移開的時候，或是交談對象剛好起身上廁所的空檔，花個十秒鐘就能迅速了事。

沒有必要等到行動完全結束後才寫。

如果堅持一個行動必須全部告終才開始記錄，不但會囤積太多要寫的內容而心生倦怠，回想「自己從頭到尾做了什麼」也會很花時間和工夫。所以像這樣：

- 14:16午餐吃豆皮烏龍麵，開始經費使用明細輸入作業。
- 15:31繼續同一作業，因爲很睏喝了咖啡，起身跟同事閒聊。
- 16:24輸入作業完成，列印後歸檔。

【想到就立刻寫下來才能持續】

× 無法持續……睡前、午休時間、工作告一段落。

○ 可以持續……注意力被中斷時、上廁所時、發呆、等電車時。

不必在意「行動的段落」，**只須隨意寫下「到記錄之前做過了哪些事」**。

看了上面的記事內容，可以得知從兩點左右到四點半是在進行輸入作業。這樣就夠了。

想要記錄行動的段落，往往會忘東忘西，甚至搞得自己很厭煩而半途而廢。不如在臨時想到的時候留下簡單的記錄，反而能輕鬆地持之以恆。

時間資訊以「為止log」、「現在log」、「起log」表示

將做某種行爲的時間留存下來，其實比想像要辛苦許多。

例如下午五點左右準備記錄今天做過的事時，常常會產生「咦，我是兩點開始的？還是三點呢」的問號。無法靠記憶書寫的話，行動記錄也難以持久。

那麼要如何記錄時間呢？

我的建議是，使用「**為止**」、「**現在**」、「**起**」等字眼，只記錄現在的時刻。

不要只是回想如何使用時間而寫下「11:15～12:30大阪→京都，搭公車前往東山。12:30～12:45午餐於@中卯吃牛肉蓋飯。13:00～14:30參觀國際和平博物館」，而是應該用以下的條列

式書寫：

・12:30爲止，搭JR大阪→京都，搭公車前往東山。
・12:45起，午餐於@中卯吃牛肉蓋飯。
・13:00起參觀國際和平博物館
・14:30現在，等待前往京都車站的公車

隨時利用下電車的時候、等待午餐點餐的時間、進入某一設施時、等待公車的時間等，從口袋掏出筆記本、記事簿，一點一滴留下紀錄。

只要勤於書寫，即便內容簡單也能看出「從幾點到幾點做了什麼事」。

我稱呼這種書寫方法爲「**為止log**」、「**現在log**」、「**起log**」，是以行動記錄寫下時間的基本手法。

以「11:15～12:30」的形式記錄行動時，就必須想起來幾點開始該項行動。相對地，使用這種方法則只需要記錄現

【「現在時刻+一兩個文字」表示時間】

為止（till）	到目前為止做過的事
現在（now）	目前的狀態、行動中的事
起（from）	現階段開始的事

在時刻即可。

在時刻之後，

書寫上一次記錄到目前爲止所做的事用「**為止**」。

書寫目前此一瞬間的狀況，正在做的事用「**現在**」。

書寫接下來要開始的事用「**起**」。

只不過是在時刻之後添加一兩個字，就能輕鬆做好易懂的行動記錄了。

以「交錯式」對照行動&思考

我在序章示範了使用「・」、「@」、「☆」等標頭符號所做的行動記錄。

・「・」——**客觀事實**

・「**@**」——**場所**

・「☆」——**自己的意見、感想**

自己一旦事先定好這些「標頭符號」，不僅有助於書寫時的輕鬆簡便，事後重新翻閱時也比較好讀。

另外我偶爾也會用其他的符號，例如：

・「Ⓦ」——**表示共處的人**

・「Ⓡ」——**表示讀過的書**

符號設定太多怕用不熟練，因此主要以這三種爲主。

其中我最推薦大家務必使用的是「☆」。

在記錄時刻和行動之後，使用「☆」留下一行個人的情感和想法，有助於更加了解當時的狀況。

・22:20爲止，晚餐於@家中吃白飯、薑燒豬肉片、蘿蔔炒青花菜、南瓜味噌湯和啤酒。

☆間隔三天才喝到的啤酒特別好喝。爲了今後能在外面喝到好喝的啤酒，乾脆規定從此不在家裡喝啤酒吧？

・23:30爲止，洗澡，看電視「世界時事記錄」，追蹤報導回教教條主義的恐怖組織。

☆此一系列報導很有意思。是否可以設定成每天自動錄影呢？想多看一些阿拉伯世界的報導。

不妨像這樣利用有空的時候，**交互寫下「行動」和「內心想法」**。

我在《閱讀力：效率最高載入式閱讀整理術》（台灣尖端出版）的著作中介紹了交互寫下內容摘要和個人心得的**「交錯式閱讀筆記法」**，以上就是同一手法的lifelog版。

書寫閱讀筆記時，在內容摘要後附註個人心得，可促進和書本的對話，感受更加深入，也因此書本內容更能深入頭腦。

同樣地，行動記錄加上個人感想，在事後重讀的時候，**自然更能貼切感受到過往那些自己的行動**。

因果關係使用「↓」的省略符號

記錄留下行動的理由、目的、專有名詞的細節等，將會十分方便。

話雖如此，書寫許多東西總是麻煩，還是盡可能地省略、減少字數比較討喜。

一如以前在數學課堂上學到的「∵（因爲）」、「∴（所以）」，其實可透過符號加以省略。但因這兩個符號的辨識性不佳，乍看之下不容易看懂，因此我常用「↓」。

「下雨了↓將曬洗的衣物收回」

「照會的電話↓完成回覆的郵件」

像這樣表達出因果關係。

這種**「因果關係的箭頭」，不僅可以省略，也可以自由附註理由或原因**。

「12:35爲止，接到鑽石出版社的市川來電。說是照片排版效果不好，所以重拍資料照片。」

如果使用箭號加以省略，可以有下列的兩種形式：

・12:35爲止，鑽石出版社的市川來電「照片排版效果不好↓重拍資料照片」

・13:35爲止，重拍資料照片↑鑽石出版社的市川來電「照片排版效果不好」

儘管只不過是一個小時前的行動，常常在書寫的過程之中想起「啊，對了，都是因爲某人來電，我才這麼做的」。

這時候不需要塗改或將新寫的文字插入，只要在文章末尾加上「↓」就能寫上原因或理由。

箭頭只要拉長，事後也能在空白處書寫，這是學起來就很好用的一招。

區分使用「間隔線」以增加資訊量

我一天的lifelog筆記要使用多少頁數，至今仍沒有定量。少的時候不到一頁，多的時候約五、六頁吧。

我的lifelog筆記除了行動記錄，也會寫下書本的內容摘要、電話留言等，還會貼上照片和明信片，因此筆記本中的順序大致如下：

早晨的行動記錄——電話留言——上午的行動記錄——新聞剪報——閱讀筆記……

由於是按照時間順序寫在同一本筆記本上，行動記錄之間會穿插各種的記事和資料。

或許看在別人眼中會覺得資訊都混雜在一起，但站在使用者的立場，因為是按時間順序所以簡單明瞭。**由於資訊並列在同一個時間欄上，因此什麼時候的來電、什麼時候收到的郵件都能一目了然**。

只不過並列一大串的文字和資料，很難找出「段落」，所以需要使用「**間隔線**」。

以這個例子來說，「——」的部分就是「段落」，我會從左到右畫上下圖中的橫線以示區隔。用於lifelog時，不妨再多下點工夫。

我早晨起床，在書寫昨晚就寢時間和早餐內容時，中間會畫上**雙重橫線的區隔線**。表示過了一天（睡眠）。

不只是雙重橫線，遇到隔週時則使用**波浪線**。在不過於複雜的前提下，區分使用「區隔線」讓筆記本變得淺顯易懂。

以「一日×固定頁數的方式」進行

每天的行動記錄和文字量固定的人，可以採取「一日×固定頁數的方式」進行lifelog的記錄工作。

購買前面提到的「天天日誌」或新潮文庫的「我的書」等市售的記事本，**就能一天寫一頁的行動記錄**。就某種程度而言，對每天書寫的人來說，這是很容易理解的方式。

當然一般的筆記本也可一天寫一頁。例如只要在A6筆記本的每一頁都標上日期，就不用花高價買特殊筆記本。

【「區隔線」的區分使用方法】

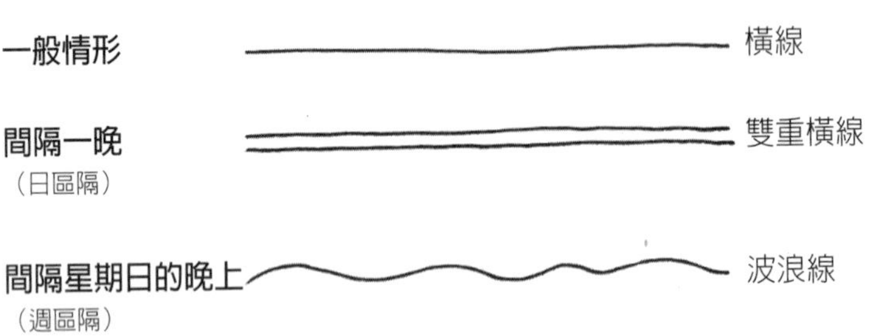

同時一般的筆記本也可以**劃分為一天寫半頁或一天寫一整個跨頁（兩頁），自己設定書寫的規則**。

不過在這種情況下，比起天天日誌等市售筆記本，一般筆記本會有一些缺點。

日期不如市售筆記本來得醒目。因爲以手寫方式標註日期，很容易淹沒在其他文字之中。

在此情況下爲了取代手寫的日期，可以使用紅色墨水的日期章；或貼上粉紅色、黃色的貼紙或和紙膠帶，再將日期書於其上，嘗試各種「增加顯眼度」的工夫。

除了直寫、橫寫外，筆也要區分使用

隨著心情的不同而區分使用鋼筆或原子筆，還是改爲直寫或橫寫，可以容易了解當時的心理狀態與情況。

也就是說，會成為留下「空氣」的行動記錄。

「增加顯眼度」工夫

用油性原子筆在黃色和紙膠帶上標註日期，會比用簽字筆等粗字筆書寫，更容易映入眼簾。

以我個人來說，心情平緩的時候習慣用鋼筆寫下精雕細琢的文字，內容多半是讀書心得。直寫則是用硬邦邦的文體寫「日記」，通常兩三個月會出現一次。

相反地，連續忙碌的狀態下，或是有心事、心情不平靜的時候，我習慣用原子筆，不論是字體大小還是線條也顯得很不穩定。另外在家的時候也會用鉛筆書寫。

於是便**透露出自己在當時是「使用了什麼樣的筆，在什麼樣的心境下書寫」**。

我的朋友之中，有人習慣在床頭擺著愛用的鋼筆，記錄每天睡前的想法。對他來說，「鋼筆的文字＝床上寫的記錄」。

像這樣光是按照地點的不同區分使用筆，也能將行動記錄的資訊量提升到不同層次。

因此重讀筆記本的時候，可以從寫在頁面上的文字氣氛，讀到「當時真的是很辛苦，被許多事壓得喘不過氣來」。讓lifelog透露出更多自己過去的狀態。

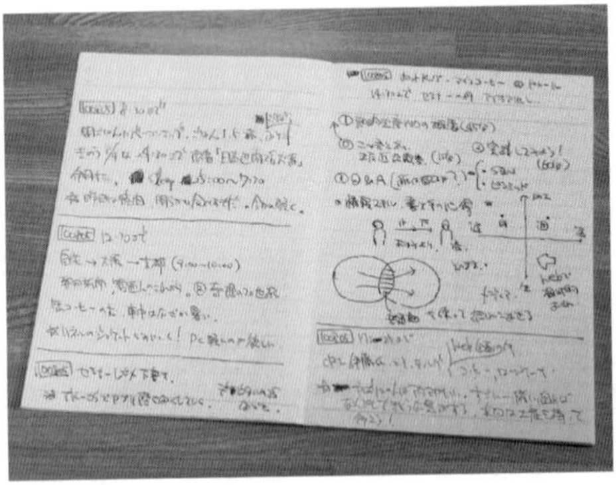

使用不同的筆來增加資訊量

由於筆者出門不帶鉛筆，因此可以得知以鉛筆書寫的部分都是在家裡。使用鋼筆書寫的部分則是在夜晚等閒暇的時候。原子筆的字跡則表示出門在外和工作中。

剪貼可增添十倍的樂趣

本書所謂的lifelog筆記本是指除了行動記錄外，還必須貼上各種資料，按照時間順序呈現出**「活生生的自己」**。

爲什麼只有文字記錄是不夠的呢？

因爲**會很單調無聊而難以為繼**。

簡單來說，只要買本可以放進上衣口袋的一般記事本隨時帶著走，用小字翔實書寫行動記錄，就能算是「lifelog」。

可是眞要長期做下來，其實是很辛苦的。

因爲就跟平常的記事簿沒兩樣，感覺好像隨時隨地都進行自我管理，或許有些人會因此喘不過氣來。

相對地，帶著筆記本出門，輕鬆自在地記錄，並貼上日常生活中遇到的各種紙片，不但能用到筆還能用到剪刀和膠

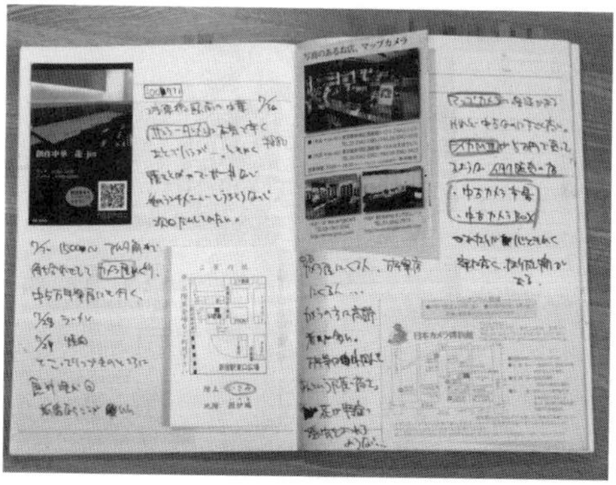

「剪貼」讓書寫筆記更加有趣

手裡拿著喜歡的店家名片，心裡想著該如何裁剪商店簡介、如何貼在筆記本上，這個行為本身就能增添人生的樂趣。

水。**過程中充滿了類似拼貼作品的樂趣**。

而且在重讀的時候，因爲剪貼的資料會透露更多的訊息，更增加了不用仔細讀也能一目了然的好處。

書寫加上剪貼，感覺好像很花時間，但如果**以記錄到翻閱的整體角度來看，這反而是讓作業變得輕鬆的方法**。

拿起剪刀裁切、用膠水黏貼，進行「拼貼」的工夫時，會獲得異於手寫的刺激感。甚至可說是「剪貼」提升了製作lifelog筆記本的「娛樂性」。

將麻煩的行爲化爲「樂趣」，同時爲了增加重讀的可看性與lifelog系統的持續性，剪貼筆記本已成爲不可或缺的要件。

使用拍立得輕鬆記錄育兒日記

我家有個二〇〇九年出生的嬰兒。

因爲很可愛，起初打算用文字寫育兒日記（或者應該說是稍微幫忙育兒的父親日記），而寫了幾天的文章。

可是日子久了開始生膩，只持續了三天便停止。

因爲和嬰兒玩耍很快樂，總是將書寫的工作一延再延。

於是爲了取代日記，改將「Polaroid TWO」放在嬰兒房，採用每天拍攝一張立可拍照片的記錄方法。

同時在貼上的照片旁邊寫著以下的感言：

「給寶寶彈鋼琴，寶寶顯得很興奮。樂器眞是厲害！」

「第一次讓寶寶吃番茄。表情顯得很複雜……，太酸了嗎？」

「開始可以攀著東西站起來，一副驕傲的神情。」

因爲是拍立得，所以**不需要電腦和印表機也能列印**。而且是名片大小，便於黏貼。我也因爲手邊有相機，而隨時意識到留意孩子的變化與成長。

另外，我也開始偶爾將數位照片貼在lifelog筆記本上用來記錄陽台的花開情況。

只要在所貼的照片旁邊添加一筆，即便是麻煩的「觀察

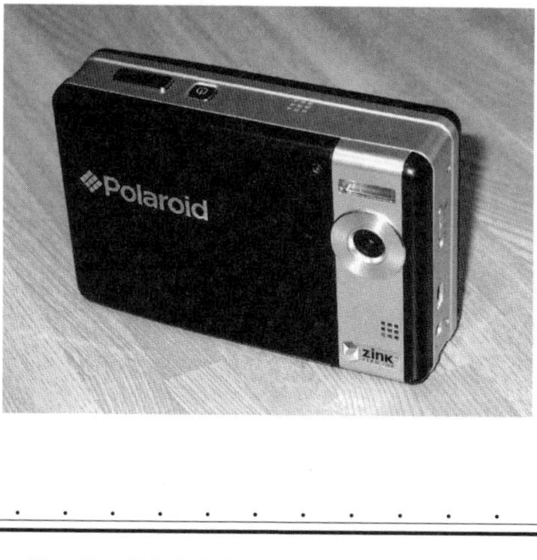

育兒記錄充分派上用場的「Polaroid TWO」

這台相機可以拍照列印出名片大小的貼紙。貼上家人的照片，可以增進筆記本的親近感。旅行或宴會等記錄，貼上照片也很方便。（參考p.193）

日記」也能持之以恆。

以「版面編排列印」留存一天的流程

使用手機、數位相機一天拍攝許多照片時，建議可用**「版面編排列印」**貼在筆記本上。

「版面編排列印」是將多張照片並列在一般列印尺寸（略小於文庫本）的印刷方式。可透過家電量販店、相片行、便利商店等數位列印機簡單輸出。

我經常到7-11和全家便利商店使用這項服務。因爲能因應各種規格的記憶卡，不管是用數位相機還是手機拍的照片都能列印。

7-11一頁的版面編排列印，可挑選兩到十二張的照片加以組合。

如果是選用一頁十二張照片，畫面會小到跟大頭貼一

筆記本貼上照片的育兒記錄

只是貼上照片附註一兩句感想，就算是怕麻煩的人也能持之以恆。事後重讀的時候，看到自己喜歡的照片也會覺得很高興。

樣，所以我通常選用一頁六張或八張。類似「版面編排列印」的「索引列印」（通常用於加洗照片，一頁有二十張照片）也因爲畫面太小而不建議。

總之，「版面編排列印」最適合lifelog筆記。

按照時間順序將版面上列印的照片貼在筆記本上，**可貼近真實回想起當天去過的場所和行動的順序**。

每當我上山散步或做一日往返的旅行，一整天拍了許多記錄用的照片時，回家路上會繞到7-11透過版面編排加以輸出列印。

大量列印會造成剪貼和整理的困擾。但如果**透過版面編排列印，就能大幅減少列印的數量，而且費用也比較便宜**。

列印時如果設定顯示拍攝時間和檔案名，就不會流於只拍不洗，也便於日後在電腦上重新檢閱照片。

貼上「版面編排列印」照片

將出差時拍攝的照片列印成一頁八格的圖片。根據不同的拜訪地點各挑選兩張，或是區分上午和下午各挑選三張等，透過不同的照片挑選方式更容易呈現出當天的印象。

臨門一腳的「當地紀念章」

在筆記本上蓋章，也是**有效存留當時空氣的做法之一**。

我通常在出差、因事前往難得一去的車站，或是上美術館、博物館的時候，肯定會在筆記本上蓋章。

例如和朋友約好出遊時，在筆記本寫上：

「13:21爲止，因爲和本田約好，從大阪車站前來萬博紀念公園。」

同時蓋上該車站的紀念章。

車站的紀念章通常在查票口附近。大型車站內會有「旅遊服務處」，櫃檯上也肯定會有「當地紀念章」。此外像是公路上的「旅遊服務中心」、高速公路的休息站等也會設有「歡迎光臨某某地」的紀念章。

美術館、博物館、人物紀念館等機關的服務台旁邊也都

記得一定要蓋上當地紀念章

如果筆記本的封面紙質容易吸收墨水，則不妨將紀念章蓋在上面。千萬別放過觀光景點、車站的紀念章，隨時放亮眼睛尋找，看到有帶著一家大小排列的隊伍，請跟在後面蓋章吧！

會有蓋紀念章的地方。一旦發現後，千萬別錯過。

小小一方印章能加強行動記錄的視覺性效果，讓人留下深刻的印象。

假日逛博物館也不要錯過蓋章。在回程的電車上書寫行動記錄，回家後黏貼特展的簡介資料、票根，貼上列印出來的照片，最後再附註感想。

像這樣以「**書寫＋資料＋印章**」留存記錄的方式，能讓筆記的作業充滿花樣，不容易生膩。

透過作業不僅能反芻體驗，重讀時也會感覺更加有意思。

封面也盡量剪貼創造「特色」

剪貼的工夫並非只在內頁中進行。

在內頁剪貼資料的同時，順便也在封面貼上照片、雜誌的剪報等，可以讓lifelog更具有個人特色，增添樂趣。

我個人就經常貼上照片和郵票。

包含重大新聞事件的照片、從定期購讀的《國家地理雜誌》找到的昆蟲或青蛙的圖片、貼在信封上的紀念郵票等，拿起剪刀裁下，塗上膠水，直接就貼在封面上。

或許有人要問這麼做有什麼意義？**因為可以讓千篇一律的筆記本封面產生個性**。

舉個例子吧，我目前所使用的lifelog筆記本封面就貼著從報紙上剪下來的「菅直人總理在選舉海報前垂頭喪氣」的照片，一看到那張照片就會知道：

「啊，這是二〇一〇年夏天參議院選舉期間所使用的筆記本。」

同時也會想知道當時的自己看到選舉結果有什麼樣的想法、做了些什麼事，而翻開筆記本閱讀。

筆記本的封面用油性筆註明**使用期間**。所以就算沒有貼上照片，稍微回想一下也會知道那是「參議院選舉期間所使用的筆記本」；問題是多了照片的輔助，那種喚起「發生某事件時的筆記本」的速度比起只有日期線索是無法相提並論的。

封面貼滿各式圖片的「筆記本」

剪貼的材料有自己拍攝的照片、展覽的簡介資料、雜誌、報紙、廣告等。可用口紅膠、貼紙機、透明膠膜等黏貼。如此一來就能從日常生活中尋找喜歡的照片、圖片，享受創作的樂趣。

如果貼上立可拍或版面編排的照片，在一看到的瞬間也會引發「**啊，這是寫有當時旅行種種的筆記**」之記憶。

然而這些都不是刻意安排的結果，當初只是在封面貼上喜歡的照片而已。久而久之，「**筆記本＝自己的分身**」。

感覺上很像是在旅行用的行李箱外殼貼滿了飯店、航空公司的貼紙一樣。如果說那是「空間之旅的紀念」，在lifelog筆記本封面的剪貼就是「**人生（時間）之旅的紀念**」。

看似遊戲，其實效果斐然。有時「寫在貼有佛像照片的筆記本裡」的印象，往往出乎意料的深刻。千萬別小看那種「**記憶之鑰**」的效果。

書腰、補書單

我習慣將買來的書籍腰帶貼在筆記本上。

書一買回家，我就會剪掉書腰左右兩側內摺的部分貼在筆記本上。如果是透過亞馬遜等網路書店，寄來的書仍附有「**補書單**」（通常在書店櫃檯會被抽掉，類似書籤的紙片），找不到書腰時就以此取代。

說起來令人很意外，光是這樣的小動作，就能讓lifelog筆記本增色不少。隨手翻閱時，翻到有書腰的那一頁，心中會浮現：

「啊，這麼說來，曾經有一段時間對投資不動產很有興趣。」

「對了，我就是看了這本攝影的書，還打算去拍山茶花的哩！」

「健身的書買來至今都沒有翻開過。」

立刻就會想起購買該書的動機和當時種種。

閱讀心得筆記寫的只有讀後感想，而且又缺乏圖像，無法達到這種效果。換句話說，lifelog筆記只要貼有書腰，**腦海中就能直覺地反映出當時「對什麼有興趣」、「做了些什麼事」**。

書買回來後，先將書腰貼上

貼上書腰，可成為購買和閱讀該書的紀念。儘管書腰配合封面的設計，往往只剩下殘缺的書名，但奇妙的是只要一看到立刻就能想起是什麼書。

包裝紙、吊牌、說明書

「終於買了很想要的那個東西！」

像這種時候除了收據，不妨也將商品吊牌、包裝紙的一部分等剪貼下來吧。

我總是一拿到家電產品的空箱就立即丟棄。因此假如買了新的數位相機，在將紙盒撕爛當成垃圾處理的同時，會順便拿起剪刀裁下外包裝上的商品圖片，貼在筆記本上。

如此一來就不必另外幫買來的東西拍照，也能留下圖像。

至於沒有外包裝的服飾、包包，商品吊牌也能發揮同樣的功能。此外收到點心、酒等禮物時，通常盒子裡面都會有強調製法、遵循傳統作風的說明書，也可以拿來剪貼。

如果這些東西都沒有的話，還有一個最後的手段。就是

裁下紙盒貼上

留存禮盒、禮物等資料，可成為「這一次要送某人什麼禮物好呢」的靈感線索。一如與人的相遇，好好保存遇到好商品時的感動，相信在日後也能發揮作用。

撕下印有店名的包裝紙或膠帶貼在筆記本上。

這種尋找象徵物的行為，其實很容易上癮。

一旦能夠在買完東西的回程電車上想著「要剪貼什麼東西好呢」，就表示你也已經是個入門的lifelog達人。

酒的標籤

貼上葡萄酒、各地清酒、燒酒、沖繩泡盛（蒸餾酒）等標籤，能讓筆記本增添活絡熱鬧的氣氛。

我出外旅行的時候，經常會在飯店房間裡品嘗當地生產的酒。當然是一邊整理lifelog筆記時一邊小酌囉。

就寢前，先在浴缸或洗臉盆接好熱水，將標籤浸泡其中。到了隔天就能像郵票一樣輕鬆剝取開來。再用乾毛巾吸收水分，用吹風機吹乾即可。

越是需要花工夫處理，所留存的印象更深刻。甚至比

好喝的日本酒標籤

將喝完的酒瓶放進洗澡水裡泡一個晚上，標籤自然會脫落。看到貼在筆記本上的標籤，便會沉浸於「這酒真是好喝」的幸福氣氛之中。也能藉此學習到酒的產地等知識。

起旅行中看到名勝、風景，喝過好酒的記憶反而更加強烈。**貼在筆記本上的標籤可說是旅行的象徵，也是一種符號與圖騰**。

週末在家有時喝了稍微好一點的酒時，千萬記得要取下標籤。光是看著標籤也能讓人回到當時輕鬆悠閒的氣氛之中。

舊郵票、明信片、書信等

我覺得將朋友寄來的信件、明信片等一起貼在lifelog筆記本上也不錯。如果在收到信的時間點貼上，**不但能節省整理的工夫，也不會忘了要回信**。而且隨時都帶在身邊，出外工作或旅行時，臨時有空檔便能當場回信。

將蓋有郵戳的紀念郵票連同信封貼在封面也是不錯的選擇。一如「郵趣」的字面意義，仔細觀察郵票的設計其實很

舊郵票、明信片等

紀念郵票不僅是用來回想起書信存在的重要關鍵，其設計風格也反映了時代性，因此應該盡量留存。店裡的杯墊等東西也具有強烈象徵性。

有意思。一旦決定將郵票貼在筆記本上，自然會很期待書信到來。

而且封面貼有紀念郵票，**就意味著「這本筆記本裡面貼有書信」**。

此外像是電影的票根、酒吧、咖啡廳的杯墊、報紙廣告、飯店簡介、風景名勝的觀光地圖等印刷品、用膠帶貼上錢幣等平面物品等，都是可行的做法。且讓我們盡量剪貼，盡情書寫行動記錄，完成一本「旅行版」的特別lifelog筆記吧！

NOTE BOOK

第 **4** 章

留存什麼在筆記本上

See your entire world in a single notebook.

首先直接記錄「普通的生活」

前面介紹了lifelog筆記的功能和架構，接著介紹輕鬆可行的「記錄」方法。記錄時的最大重點是**「為了直接留存人生中的『空氣』，同時也考慮到重讀時的樂趣，因此要剪貼資料和物品」**。

那麼具體而言，爲了記錄自己「專有的人生」，究竟該寫些什麼、剪貼上什麼東西才好呢？

本章我將實際展示lifelog筆記該記錄些什麼、收錄什麼樣的內容，同時說明其所獲得的效果爲何。

睡眠和飲食——從基本事項認識自己

Lifelog筆記中記錄事項的最底限爲：

- **就寢、起床的時間**
- **飲食的內容（幾道、數量）和時刻**

等生活中最基本的資訊。

我最早意識到「lifelog」，是從這些睡眠時間和飲食內容的記錄開始的。

在這之前會在記事簿上書寫創意念頭和備忘事項，後來也順便記錄起自己的睡眠時間、吃喝了哪些東西、喝酒的頻率等，心想掌握這些資訊應該具有某些意義吧。

如今雖然不是百分之百，基本上連白天喝過的咖啡也都詳細列入紀錄。

和朋友聚會喝酒時，如果有明列點菜內容的收據就直接貼在筆記本上。沒有的話，則大致寫上「23:30爲止，和濱田、松下聚餐小酌。（中間省略）烤雞、大阪燒等、啤酒、燒酒」。

至於睡眠，固定是在隔天一早寫下包含前一天的就寢時刻等早晨的活動內容：「8:30爲止，睡眠（24:00～8:00）、納豆、雞蛋、白飯、味噌湯、咖啡。」

單純只是睡眠和飲食的lifelog，其實不太具有意義。畢竟不是每天都有聚餐，不可能常吃不一樣的菜色。

但就算是如此平淡無奇的記錄，寫久了回頭再看，就會有下列想法：

「這一陣子開始懂得節約，幾乎都是自己做大阪燒吃。」

「睡眠時間達八小時的日子，寫出來的果然都是心情比較好的內容。看來我睡七小時是不太夠的。」

於是平淡無奇的飲食、睡眠等記錄也就逐漸產生了意義。

這時或許有很多人會問：那「天氣」呢?因爲會讓我聯想到小學生暑假作業的日記，所以我不寫。

就算沒有特別標明，遇到特別熱的日子或下大雨，「行動記錄」上還是會寫著：

【睡眠和飲食的記錄是lifelog的第一步】

「簡直快熱死人了。喝了兩罐一公升保特瓶裝水。」
「突然下起了雨，只好到咖啡廳避雨。」
所以我認爲並不需要每天都確認天氣的狀況。

自己的行動和狀況——發現生活超乎意外的豐富

比起睡眠和飲食稍微有些複雜，但也令人想要記錄下的資訊有**「在某地停留到幾點」**、**「做某事做到什麼時候」**等。

連同前面的睡眠和飲食，只要利用「書寫」和「剪貼」等技術加以記錄，大致就能滿足我所謂構成「lifelog筆記」的條件。

第一項的「行動」指的是自己做過的工作、購物、家事、出門辦事、聯繫、遊玩、休息和聊天等活動。

- 12:50爲止，整理下週和濱田開會討論的提案書。
- 17:34爲止，倒垃圾、丟廢紙。到JUSCO量販店購物、做菜。

以上這些忙東忙西的時候算是「行動」。

- 22:45爲止，邊喝啤酒邊看NHK新聞，透過推特、雅虎拍賣網站物色徠卡相機。
- 11:00爲止，睡眠（八小時）。吃咖哩飯、收看錄影的「龍馬傳」連續劇，精神不濟邊看邊打瞌睡。

這些看似悠閒的時刻也算是「行動」。**如此想來，其實並不會有「因為無所事事不被當成『行動』而不列入紀錄」的情形發生。**

重點在於以第三者的眼光觀察自己在做些什麼並寫下來就可以了。

第二項的「狀況」指的是自己所在的場所、店家、參加的聚會等。

通常我都會如下面所示使用**「@」符號**記錄。

- 12:50爲止，於@梅田P網咖讀《骷髏13》、《北斗神拳》
- 17:34爲止，於@東京工商會議中心出席資訊整理讀書會
- 21:24現在，在東京→橫濱的電車中撰寫lifelog一書草稿

記錄行動與狀況的秘訣之一就是盡可能大量使用**「專有名詞」**。

比方說在前面所舉的行動記錄實例中，我就使用了濱田、JUSCO、龍馬傳、徠卡、骷髏13等具體的名字，大家可以一目了然。

讀書、做家事等行動，如果沒有列出專有名詞，就會一再寫出「在電車裡讀書」、「在電車裡讀書」、「到超市買東西」、「到超市買東西」等枯燥乏味的內容。

這麼一來就會寫出重讀時令人心生不快感覺「我的人生怎麼老是重複同樣的事情，好無聊呀」的lifelog筆記。爲避免這種情形，**書寫時應盡量加入專有名詞作為增添趣味的調味料**。

一如我在「細節成爲記憶線索」的篇章中所提到的，如果有稍微異於平常的事情，不要只是跟過去一樣寫下「倒垃圾，丟出兩袋已經在衣櫥裡發霉的舊衣服」，必須意識到細

【行動記錄中加入受詞、專有名詞】

× 11：29為止，在電車中發電子郵件。

○ 11：29為止，在大阪→神戶的電車中發電子郵件給元木先生，有關到東京國際展示場辦展事宜。

節加以記錄。

心中所想的事——建立自己的思想

其次是「心中所想的事」。

以我個人而言，在介紹「交錯式記錄法」時曾說過習慣用「☆」記號。然而書寫感想並非容易的事。

我將「爲小事而感動」列爲生活的目標之一，其中多半屬於「不足掛齒的小事……」。因此除了我不想寫的情況外，已納入生活常軌的事我也不寫。相對地，以下的幾種情形，我則是硬擠也要擠出一些感想來。

- 觀賞過電影或ＤＶＤ時
- 因旅行或出差到遠地時
- 第一次見到某人、吃到某種食物的體驗時
- 身邊發生朋友結婚等事件時

・發生國家大選等可能成爲歷史的重大新聞時

我會因爲這些情況書寫感想的理由，是**為了以後的重讀佈下樂趣**。只要閱讀電影觀後感，就不需要租借每一部DVD也能回想起精采畫面和台詞，好處多多。

第一次的體驗也可透過閱讀感想而重新回到當時新鮮興奮的心情。

新聞事件連同感想事後一起審視時，所得到的學習效果也將超乎想像。

例如我在總理辭職和選舉結果出來時，都將心中所想的寫在lifelog筆記上。

重讀那些文字，看到二〇〇五年小泉前總理在推動郵政民營化時，我寫著：「太好了！太棒了！小泉總理是天才政治家！」

二〇〇九年執政的自民黨大敗時，我也用「☆」記號寫下感想：「這完全是政治局勢。日本將有所改變！」

【留下對新聞事件的感想有助於自我成長】

沒有記lifelog　　有記lifelog

老是重複同樣的反應　　可以冷靜判斷

重讀過去的感想會驚覺「當時自己居然會這麼想，現在已經完全不同了」。同時也會爲自己的膚淺感到難爲情，深深覺得「自己必須多用功學習才行」。

像這樣，當年覺得「理所當然，不值得書寫」但還是寫了下來的感想，事後重讀反而會有意外的收穫。

這不是受教於其他人，而是向過去的自我學習得來，絲毫不受到電視新聞評論者的言論左右和時代氛圍所影響，完完全全是「自己眞實的想法」。

旅行、娛樂、活動——lifelog的精髓所在

出門旅遊或玩樂時，請務必要留下紀錄。

話雖如此，一旦出門在外其實很難找到空檔翻開筆記本。到底該怎麼做才能順利完成記錄呢？我找出了以下的方法。

首先在出門前一天晚上，**將事先調查好的轉車方法、旅遊資訊等以手寫或列印出來，貼在筆記本上**。

我經常查閱百科事典。從事典上找出地名、寺廟神社、城池等歷史建築物和當地相關的名

人等資訊做成摘要。購買導覽書時，則是將書腰貼在筆記本的封面，做成最好的標示。

出外期間，隨時隨地收集觀光地圖、簡介等旅遊資訊，以及蓋紀念章的同時，也利用吃飯等休息時間在筆記本上一點一滴寫下：

・12:45為止，搭乘公車抵達稚內。吃海膽蓋飯。

☆只有這裡才有的大量海膽，好奢侈的享受。

在回旅館或家的車上，可一邊閱讀收集的資料，一邊分類哪些是**「要丟的」**和**「要剪貼的」**。睡前將白天書寫的記錄和「要剪貼的資料」用膠帶貼在筆記本上，並加註感想。

像這樣，**利用移動時間一點一滴做好記錄lifelog筆記的事前準備工夫，回家之後只須花十五分鐘的作業時間便能了事**。一點也不會令人覺得麻煩。

日常生活的行動記錄可配合心情狀況，記錄多少都無所

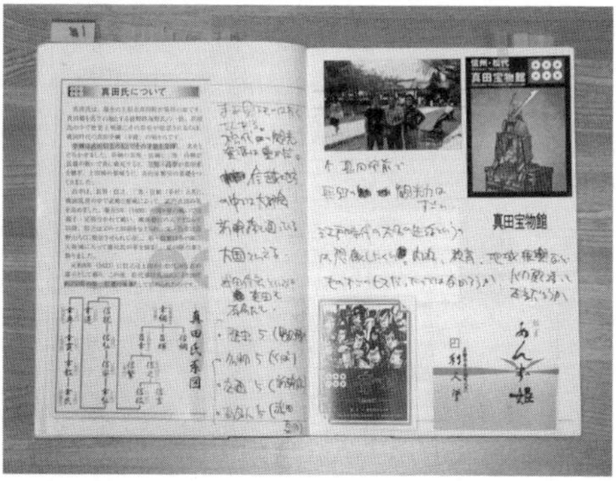

旅行後整理的lifelog筆記

旅行中先將行動記錄寫在塞進口袋裡的記事本，事後再配合票根、簡介資料等一起剪貼在筆記本上，可節省整理的工夫。旅行中盡可能收集特別的印刷品。

謂，這樣才能沒有壓力地持之以恆。

但是出外的享樂活動則不妨盡可能貪心點，必須抱著「將所有體驗都記錄在筆記上」的雄心才能增添樂趣。

尤其是出國旅遊，請千萬要嘗試看看。

事先閱讀跟即將旅遊的國家有關的小說或散文、利用網路查詢歷史典故做成摘要，感覺時間過得特別快。畢竟在飛機上的唯一期待就是飛機餐，當然要有效利用時間來打發無聊的航程。

「預習」的摘要再結合抵達當地後開始撰寫的行動記錄和收集的資料，就能完成一本連數位照片、錄影帶也無法比擬的厚實遊記。

如果在回程的飛機上於遊記加上感想和說明，時間將稍縱即逝，彷彿只睡了一覺便返抵國門。

記錄報導自己的採訪小組

一旦能夠如同前述將睡眠、飲食、行動、狀況、感想，還有娛樂活動等都記錄在lifelog筆記上，幾乎就不會有「不知道自己做了什麼事」的日子。因而「自己的人生到底有沒有往前邁進」的不安也將消弭無蹤。

因爲筆記本上雖然不至於看到二十四小時都在拚命的自己，但至少**那個過去的自己表現得很努力**。

何況如此認眞地進行記錄，意味著筆記本離開手邊恐怕只有洗澡和睡覺的時間吧。表示應該無法完全都留到夜裡整理，而是利用空檔一點一滴地記錄與書寫，否則哪能記憶得如此詳盡。

這種狀況就像是自己在追蹤報導自己的採訪小組一樣。

而且**因為希望行動記錄寫的都是好事，於是做出好的行動，自然會形成良性循環**。

【lifelog是「自己」的記錄報導節目】

社會新聞

日常生活中也可以寫下自己以外的社會背景，像是報紙上喧騰一時的重大事件等。

比起臉部特寫的照片，反而是將身上的穿戴、背景的樹木、建築物等拍進畫面的照片，讓人有「這是領了紀念甜點後的畢業典禮照片。那一年是破紀錄的暖冬，櫻花開得特別早……」的感想。同樣是一張照片，卻訴說出更多的內容。因爲寫出背景，**能讓自己在lifelog筆記中更加凸顯**。

在這層意義下，記錄社會背景將產生出人意表的效果。因爲除了可以了解自己行動當時的社會狀態，也讓行動記錄變成更能揣想出當時情況的**「立體資訊」**。

那麼具體上要怎麼做呢？我習慣將每天新聞頭版的六百字社論專欄摘要在筆記本上。

例如二〇一〇年六月二十一日的新聞摘要如下：

- 日經（春秋）＝文學跳蚤市場的參加者增加了
- 產經（產經抄）＝MUSES-C探測衛星歸來和世界盃足球賽日本vs.丹麥

・每日（餘錄）＝日本vs.丹麥
・朝日（天生人語）＝梅雨
・讀賣（編輯手帳）＝菅首相的今後？

或許有人會問為什麼不是頭條新聞，而是社論呢？那是**因為社論通常會顧及各種的新聞類別吧**。

如果是頭條，幾乎都是以國內的政治新聞為主。而且一旦發生重大事件，常常一連好幾天都是相關報導。

相對地，社論今天談的是「氣溫持續飆高」，明天寫的是「藝文人士的訃聞」，內容包含國際情勢、科技新知、文化現象等。儘管報社的立場多少都有些偏頗，但社論的多樣性還是比起新聞報導要好得多。用來定點觀測社會時事，再適合也不過了。

將不同報社的網站加入書籤（bookmark），放進同一個資料夾裡，透過「分頁瀏覽所有書籤」的操作可輕鬆檢索各報的社論專欄。

定點觀測新聞社論的話題

社論專欄不同於報導，因為會選擇最能代表現代生活的話題，因此只要摘要社論提起的話題就能素描出該時代的樣貌。隨著時間的經過，也會成為支撐行動記錄的「背景資訊」，有助於重讀時進入狀況。

我大約每天花五分鐘就能做完社論的摘要，一次讀五份報紙。通常讀一兩份也就夠了。

依我個人之見，社論明顯寫得比其他家高明的只有日經和讀賣，因此建議新手不妨每天從這兩大報的社論開始著手。

背景資訊很重要。比方說收看電視的懷舊新聞集錦。

「丸子三兄弟爆紅——小淵首相發動自自連立政權、石原愼太郎當選東京都知事（平成十一年／一九九九年）」

就像上面的這一則一樣，肯定都會有大標題的事件和小標題的事件配成一組。**因為這樣才能讓觀眾產生更深切寫實的感受**。在行動記錄之間穿插類似的文字，能讓lifelog筆記變成有趣的讀物。

所見、所聞、所食——一切都反映出「自己」

基本上，內容寫什麼都無所謂。

儘管如此說，還是有很多人會抱著懷疑的態度認為「自己又沒做什麼大不了的事」。的確也是，畢竟很少有人隨時都在從事驚險刺激的活動。

可是請稍微想一下，你的人生眞的很「平淡無奇」嗎？答案應該是否定的。因爲地球上不會有人過著完全相同的人生。即便是普通的三餐或是工作內容、閱讀的書籍，也都是**基於個人的選擇和思考後產生的行為結果，而且就算不多也持續在進步之中**。

例如高中時代的你如果看到現在的自己，肯定會驚聲大叫「太厲害了！怎麼會有那種本領？」

我還清楚記得以前在大學圖書館用電腦寫畢業論文時，看到隔壁的人敲擊鍵盤打字的模樣，心想「自己應該永遠都無法像他一樣吧。」

然而現在的我卻很理所當然地敲擊電腦鍵盤持續寫文章。**以長遠的眼光來看，每個人的人生都應該充滿了變化才對**。

我認爲用lifelog**記錄現在所做的事，其實跟拍生活照很類似**。

路上的行人、巷子裡的貓等，雖然拍照的人不在畫面裡，但還是能夠感受到其意識和心情。**所以不管什麼事情，總之先記錄下來再說，記錄就能留下當時的自己**。

以搭配筆記本的「填入式索引表格」進行定點觀測

lifelog筆記是按照時間順序進行記錄的。

不過一如體重記錄或計畫執行一樣，很多時候如果能有類似「三個月期間體重增減」的完整表格可參照就能一目了然。

要如何記錄出那種資料，便於日後參考呢？

首先想的方法是直接輸入在電腦和智慧型手機裡面，但實際操作上卻有困難。因爲得一次又一次從終端機裡叫出檔案開啓，令人不勝其煩，而且也很難有機會可突如其來臨時「一瞥」現有已記錄的檔案資料。不知不覺間甚至連記錄一事也忘得一乾二淨。

我要建議的是，用電腦和列表機印出**「填入式索引表格」**貼在筆記本上的記錄方法。

填寫的格式可自行設定，然後貼在或夾在「lifelog筆記本」上，隨時填入體重、觀賞過的電影標題、閱讀時間等記錄。

像這樣從行動記錄中挑出幾個項目作爲**「定點觀測」**的

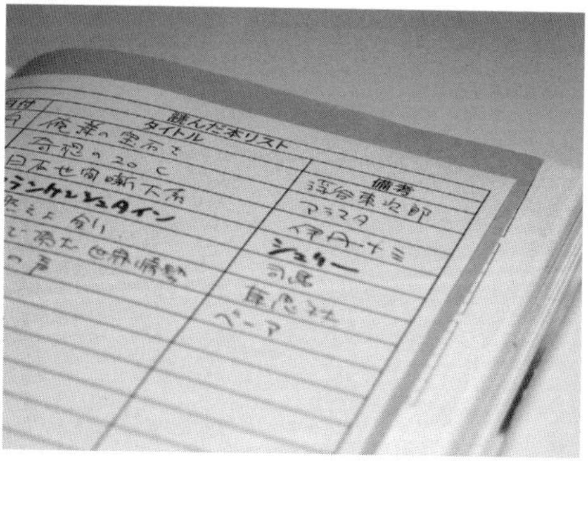

在筆記本貼上「填入式索引表格」

僅需填寫閱讀書籍之讀完日期，標題須備註（作者和出版社）的「填入式索引表格」。貼在封面翻開之處等容易看到的地方，持之以恆地保持記錄習慣。

對象塡入表格之中。於是透過代表人生不同階段的「lifelog筆記本」就**能對個人的興趣和行動狀況一覽無遺**。

在筆記本的封面背後等容易找到的地方統一貼上索引表格，可在重讀的時候直接瀏覽，心生「自己最近每天都讀一個半小時的書，不知道是否打亂了生活規律呢?且透過lifelog筆記確認一下吧」的想法並進而調整行動。

以我個人爲例，爲了記錄體重和喝酒與否，分別製作專用表格貼在筆記本上。另外有關用餐和書籍閱讀也都有一目了然的記錄表。

製作「塡入式索引表格」其實花不了多少時間。

最簡單的方式就是直接影印月曆；講究一點用Excel做，也只要十五分鐘就能完成。利用電腦做過一次，下次只要修改日期即可，實用程度幾乎可說是半永久性。這也是自行製作的最大優點。

在lifelog筆記本貼上「塡入式索引表格」可讓筆記本成爲個人專屬，更加符合自己的生活模式。

持之以恆的大原則「一個表格一個主題」

製作「塡入式索引表格」時必須留意到一個重點。

那就是**「每一張表格只能記錄一個對象」**。理由是：太過複雜會不好用而難以持續下去。

我曾經有過的失敗案例如下：

- 一個禮拜的體重和餐飲內容之記錄表格
- 一個月的書籍閱讀和電影觀賞之標題與感想的記錄表格

類似這種「複數主題的塡入式索引表格」，只要有心，再多都能設計出來。

問題是無法持之以恆。

一方面得用很小的字體記錄，事後重讀時看到密密麻麻的小字根本就不想看下去。而且想到記錄本身也是件苦差事，頂多做了一個月便自動停止。

由此可知，「塡入式索引表格」**不必做到盡善盡美，重點在於它的功能只是做行動記錄的輔助工具之一**。

只須記錄「做了還是沒做」、「體重幾公斤」、「書名」等簡單資訊，換句話說，重視的是「想要記錄的心情能否持續」。一般人想要有「同時可記錄書名、作者、一小段感想的表格」，固然不難理解，可惜那種表格能夠持續記錄下去的困難度太高了。

唯有**像小學生暑假期間的收音機體操出席表一樣的簡單格式，最能有效保有持續的動機**。

例如想要做下列項目定點觀測自己的人，最重要的就是持續進行簡單的記錄。

以每天慢跑為目標的人

➡在筆記本貼上標有一整年日期的「**○×表**」。有慢跑的日子就畫上「○」。

減肥中或記錄小孩成長的人

➡橫軸爲日期，縱軸爲體重或身高數字的「**曲線圖表**」，每天點出體重或身高的位置。

如果想要進一步書寫感想、記錄一起行動的人名、貼上資料等細節，就透過「lifelog筆記」的行動記錄完成。

如此一來就算只是單純的記錄，搭配「填入式索引表格」進行定點觀測，自然能更加掌握過去的狀況，如同下列案例發現個人行爲的偏差，或是產生新點子。

「這一個月的運動量有減少的趨勢。」

「最近老是看戰爭電影，不如在部落格寫下整體的感想吧。」

「這個月只有五天沒碰酒，這樣對身體實在不好。」

至於減肥和書籍閱讀等情形，採用「一表格一主題」，**也能在填寫時、翻閱時產生再一次加深目的意識的效果**。

就算是心情倦怠感覺「今天好想休息」的時候，只要一看到索引表，就會反問自己「難道要前功盡棄嗎」，又繼續採取行動。

○×表——雖然簡單卻最具效果

容易製作、持續的困難度最低卻擁有最佳效果可說是「填入式索引表格」的特徵。

我在網路上搜尋「年曆」，從貼有年曆PDF的網站上下載後使用。也可以將家裡的年曆拿去縮小影印或是將書店給的書籤型年曆拿去放大影印。

使用方法是：**在年曆上方寫下每天自我確認的項目，然後在日期上標註「○」或「×」**。就這麼簡單而已。

具體來說，「跑了幾公里」、「喝了幾杯酒」的記錄並不合適。標題只要如同下列的簡單明瞭即可。

- 晨跑（有跑的日子畫○、沒跑的日子畫×）
- 喝酒（沒喝的日子畫○、有喝的日子畫×）
- 交互蹲跳（有做的日子畫○、沒做的日子畫×）

說來頗令人驚訝，一開始若是「標題」沒有寫清楚，之後往往容易發生類似「咦？有喝酒的日子應該畫○吧」的錯亂。就算認定「這種事怎麼可能搞混」，也請在剛開始時詳細寫下標題。

利用「○×表」定點觀測行動時，**可明顯看出每天作息上軌道的比率、實際發生的頻率等情況**。

一旦更加了解自己的行動後，也才會明白設定「每天跑十公里」、「每天四點就起床」等天馬行空的目標是「無謂的計畫」。然後才能設定符合實際的目標，每天持之以恆。

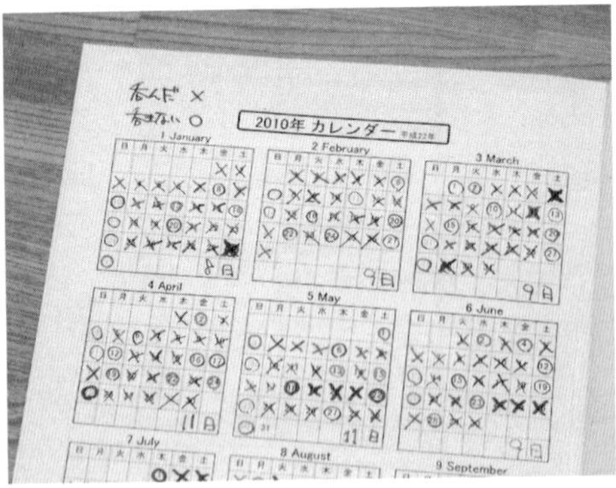

貼在筆記本上的「○×表」

為掌握個人的飲酒量，喝過日子畫×、沒喝的日子畫○。不管是列印還是填寫，都不費工夫，而且結果也清楚可見。

曲線圖——用視覺捕捉些許的增減效果

曲線圖就像是在物理實驗時使用的方眼紙上，橫軸寫上日期、縱軸標出數字的圖表。適合用來記錄體重、步伐數、次數等「數量」。

雖然比製作「○×表」還麻煩，但由於記錄時只要畫個「點」，一旦完成後很容易持續記錄下去。我通常利用Excel製作圖表。

爲什麼要刻意使用曲線圖呢？目的是要**用視覺捕捉增減的效果**。

例如體重，如同下列寫出一堆的「數字」，一時之間卻看不出到底是增加還是減少。

八月三日：61.4公斤、八月四日：61.1公斤、八月五日：61.0公斤

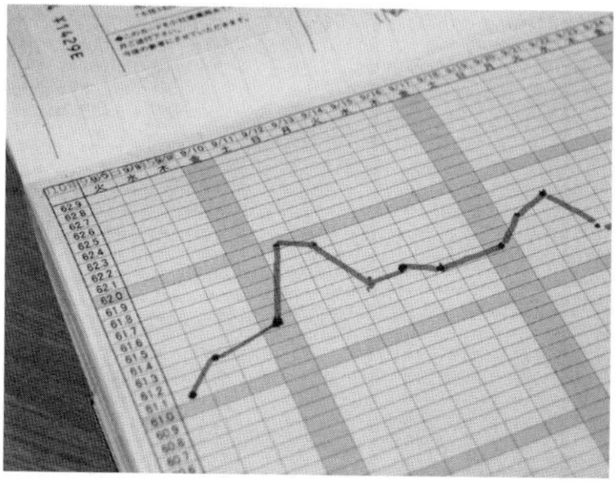

適合記錄數量的「曲線圖」

只須每天量體重，畫個「點」，就能完成增減趨勢一目了然的圖表。減肥中的人如果刻度單位設定為100公克，即便減輕幅度不大也能輕鬆享有成就感。

然而如果以圖表顯示，因爲「點」的位置或高或低而能看出發展的「趨勢」。以這個例子來說，儘管不多但體重確實有持續的下降，表示「這樣的飲食生活還可以」。

不論定點觀測的是什麼事項，只要將橫軸設定爲日期，縱軸設定爲觀測對象，單位則可以是「公斤」或「頁數」。因此這種「曲線圖」也是「一表格一主題」。爲了同時顯示「體重和步伐數」，而在一張圖表畫上兩段曲線。這種行爲容易引起錯亂，還是避免的好。

我的一天——有lifelog的日常生活

我在第三章和第四章說明了該在lifelog筆記記錄什麼東西，以及書寫和剪貼的方法。像是飲食內容、行動場所等的記錄。甚至爲了做定點觀測而使用「塡入式索引表格」的話，就能更貼近「自己人生都濃縮在筆記本中」的感覺。因此應該有很多人已經開始摩拳擦掌躍躍欲試了吧！

因爲介紹得極其具體，需要做的事情很多，可能也有不少人會覺得「記錄lifelog看來很辛苦」。

請容我一再重複，不管是前面所提到的表格還是跟家人之間的聊天內容，**不是所有東西都**

有記錄的必要。

我在旅行中會努力收集資料，外出旅遊也會幫孩子們拍照。可是窩在家裡工作的日子，頂多只會記錄餐飲內容、正在進行的工作狀況和報紙社論的摘要。

比較具體而微的行事曆，則不用第三章所介紹的「爲止記錄法」，而是寫成「10:15～10:32電話中和今田確認企劃案內容」。也就是說，我會視狀況採用不同的方式做行動記錄。

以下介紹我如何書寫lifelog筆記，提供讀者作爲參考。因爲有工作時的內容十分無趣，乃以假日爲例。

*

早晨起床，首先會幫樹木澆水。

因爲今天沒有預定計劃，於是起得較晚，早午餐一併解決。將筆電拿到餐廳裡，一邊上網瀏覽新聞一邊喝咖啡；和家人聊天，突然間想到「對了，乾脆來寫行動記錄」。

由於筆記本放在公事包裡，暫且先用餐廳裡有的紙張書寫下列內容：

・11:35爲止，睡眠九小時（2:00～11:00）被嬰兒哭聲給吵醒。澆水、吃早飯（培根和親子蓋飯）、喝咖啡、上網瀏覽新聞、討論下週回老家的事。

☆難得遇到假日放晴，絕對該出去走走，爲自己好好充個電！

我用「**為止記錄法**」和「**交錯式記錄法**」，寫下包含個人感想的行動記錄。接下來在瀏覽完網路新聞後，順便爲留下「**背景資訊**」而開始摘要報紙社論的內容。

- 日經＝俄羅斯總統梅德維傑夫於史丹佛大學演講／契訶夫冥誕一百五十週年
- 產經＝菅首相致詞吃螺絲／自民黨二階堂副總裁的佚事
- 每日＝UNRWA（聯合國近東巴勒斯坦難民救濟工作署）批判封鎖加薩走廊
- 讀賣＝參議院選舉創造的新詞
- 朝日＝發現單腳青蛙

忙東忙西之際，上網訂購的書寄來了。因爲在書店沒看到，所以前天上網訂購。立刻拆開來先讀一點開頭的部分。

從公事包取出筆記本，將拆下來的**書腰**貼於其上。順便也貼上剛才寫好的摘要，繼續寫上行動記錄。

- 12:33爲止，摘要報紙社論、閱讀《照片與文字》、喝綠茶。

由於昨天喝了酒，順便在「**喝酒日表格**」上畫×。

和小孩玩耍、跟妻子聊天之際，大家決定一起逛超市。我便先去淋浴、換上外出服、趁著出門順便丟垃圾。因爲在公車上沒有事情做，只好寫行動記錄。並在「**曲線圖**」上記錄洗完澡所量的體重。

- 13:45爲止，換掉睡衣、梳洗、淋浴、丟垃圾，在前往鑽石購物中心的公車上，閱讀海明威《流動的饗宴》。

附近車站有**紀念章**，直接蓋在筆記本的封面上。

徒步前往購物中心後，逛了許多商家，坐在美食街休息。簡單吃過後繼續回到賣場購物，妻子爲了幫小孩換尿布而進入廁所。

我一個人坐在長椅上拿出筆記本寫行動記錄。

- 15:48爲止，逛鑽石購物中心。買小孩玩具「O Ball魔力球」、裝魚的盤子。於美食街吃章魚燒、喝可樂。

☆小孩大概很興奮吧？睜著好奇的眼光東張西望。
☆這裡的書店設有兒童遊樂區，下次可以利用。
☆看來一個人來這裡也能盡興，下次可騎單車來。

之後又繼續逛商場，直到傍晚才回家。回家忙完後，又開始寫行動記錄。這一次將玩具的吊牌、美食街拿到的**集點卡**等貼在筆記本上。順便用立可拍相機「**Polaroid TWO**」拍攝小孩的照片並附註感想。

・17:25回到家。
☆逛鑽石購物中心是明智之舉。小孩也很高興，始終手舞足蹈。下次生日禮物可以利用那家玩具店，生日享有九折的優惠。話又說回來，店裡擠滿了小朋友，看來大家的想法都一樣。
☆妻子幫小孩換尿布，等她回來時我不禁忍不住抱怨「怎麼這麼慢」，被兇了一頓。反省。
☆行事曆上填寫下週以後的外出計劃日吧。
・17:37起，觀賞電影《光榮戰役》（南北戰爭）。

其實後面還要繼續寫的。總之就是像這樣利用移動時間、行動的空檔等一點一滴加以記錄。

將這麼多的資訊集中整理在同一處，就能留存當天的「空氣」，做出值得重讀的lifelog筆記。並將體驗過的事都化為自己所有。

「好的過去」＝擁有「個人歷史」的安心感

在前面的實例中，即便是日常生活，我也很仔細地做了記錄。

忙碌或是提不起勁的時候，就可能不會寫「☆」的感想和列印照片張貼。

不過心情好的時候，幾乎就像是認眞做美勞的小學生一樣，忙著書寫「行動記錄」、蓋紀念章、徹底收集資料、在家裡熱心地剪剪貼貼並附註感想。

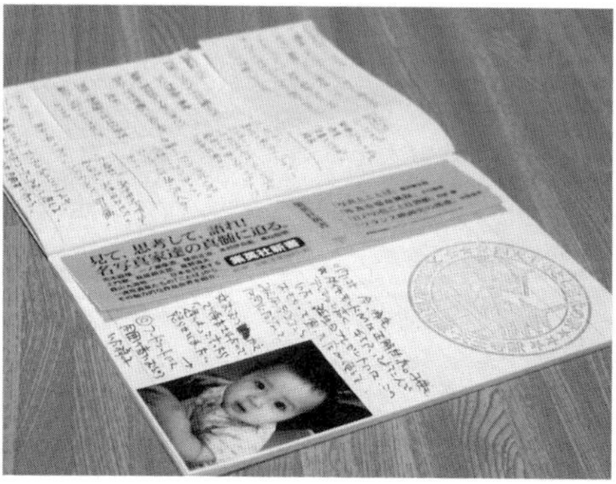

將「當天」發生的事都寫進筆記本裡

集合了寫在其他紙張上的行動記錄、書腰、車站紀念章、照片等所有資訊的筆記本。不只是當天的行動，結合當天閱讀的書、去過的地點、小孩的照片等，更加能留存當天的「空氣」。

其主要理由是，**透過一番作業可增添更多樂趣**。以前面的例子來看，回家之後，在書寫「逛賣場是對的」行動記錄時，我的腦海中又重新反芻了一遍逛購物中心的體驗。同時也因爲留下這些記錄，**事後重讀時愉快的氣氛也會再度復甦，臉上自然也會露出笑容**。

我認為擁有這種「美好的過去」，其實在有生之年裡扮演著難以預料的重要意義。

常言道：「一個不懂得對別人好的人，是得不到別人對自己的好。」引用如此老生常談的教訓，感覺很難爲情，但這句話說得一點也沒錯。

小時候父母、學校老師對待自己的記憶確實會影響到我們日後待人接物的方式。

重讀lifelog筆記後會讓自己感到羞恥、後悔而決定改過的結果也很重要。

另一方面個人不斷擁有歡樂愉快的記憶，對於取悅他人，讓自己高高興興活著，不也是很有必要的嗎？

維克多．弗蘭克（Viktor Emil Frankl）在描寫納粹集中營體驗的《夜與霧》一書中，曾用「你所經驗過的事，是這個世界上的任何力量都奪不走的」這句話勉勵心生絕望的夥伴。

「我們過去在充實的生活中、豐富的經驗裡所孕育而成的心靈寶物，是任何人都奪不走的。」

人生會發生什麼事，沒有人知道。什麼時候會失去工作、什麼時候會大病臨身、家人會發生不幸，誰都無法預測。

當遇到人生瓶頸時，如果有lifelog筆記，就能回顧過去，發現：

「曾經幸福過的自己」

「曾經認眞過日子的自己」

「曾經充滿希望的自己」

受到過去的自己所撫慰、激勵與鼓舞。

我認爲確實擁有那些過往的體驗，從而建立展現在人格的人，才稱得上是眞正的強者。

而lifelog筆記正好可以幫助我們建立那些「過往」，也能建立出「個人歷史」的感覺。

NOTE BOOK

第 5 章

如何持續、重讀、活用呢

See your entire world in a single notebook.

避免流於只是書寫而沒有重讀的方法

終於來到最後一章了。

前面敘述了利用一本筆記簡單記錄個人的體驗和想法，完成「lifelog」的方法。

第一章提出我個人對行動記錄所感受到的意義與效果，用來說明在開始之前的注意事項。

第二章介紹了動手記錄的三大步驟，具體整理出使用什麼樣的筆記本等重點，後面則是實踐篇。

第三章以書寫和剪貼說明「如何記錄行動」；第四章於說明「記錄什麼」的同時，並介紹使用「填入式索引表格」的定點觀測方法。

因此最後一章的主題是**「如何重讀與活用」**。

我在工作上和私底下遇到的人們之中，有很多人會在筆記本上記錄工作或家庭的事。但是懂得重讀並加以活用的人卻幾乎微乎其微。

常有人問我：**「什麼時候會重讀筆記本呢？」**

本章將說明我通常在什麼時候、以什麼方式重讀自己的lifelog筆記，爲求更上一層樓又會怎麼做呢。

將前面幾章介紹的「記錄方法」，以及本章的**「重讀方法」**學會後，應該就能更加確實將體驗化為自身的養分吧。

體驗不能「用過即丟」，要一再活用

因爲很重要，我必須一再強調。

爲了能讓lifelog筆記有助於自己的成長，只是一味地書寫是不夠的。將過去的人生歷程寫成一本又一本的筆記，有空就重讀、回想與找到新發現。

同時腦海中要有很強烈的意識，認定這是「自己的歷史」。因此光是書寫是不夠的。

這跟閱讀書籍很類似。我習慣在外出旅行時，帶著年輕時期讀過的書上路。讀完後常會驚訝地發現感想和昔日大不相同。

那是**因為隨著自己的改變，來自書本的感動和訊息也會跟著改變**。所以只讀一次是無法完全將那本書給讀透徹的。

重讀筆記也是一樣。

寫的時候只是平凡生活中的行動記錄，假設過了一個月後重讀，應該還無法產生任何感慨。

但是五年後重讀，就會有以下的想法，發現新的自己。

「沒想到以前的自己還很認眞嘛。」

「現在的我就應該重新找回過去那種節制的心情。」

「比起當時，我是否變得傲慢了起來呢？」

進而能找到自己接下來該採取的行動、該留意的重點。

這麼想來，沒有重讀筆記就等於是永久**喪失跟過去的自己交談的機會**，也可說是「將過去用過即丟」。

沒有重讀是**放棄接收來自過去的自己對現在的自己的留言**，說有多可惜就有多可惜！

定期自我反擊

爲什麼重讀過去的筆記能有新的發現呢？

【記錄是過去的自己留言給現在的自己】

重讀筆記是跟過去的自己交談

我想是因爲人**在不經意間總會持續地轉變**。

我們經常在職位升遷、小孩出生、有了新戀人等時期，會聽到「整個人都變了」的說法。

不過我認爲在一些更平常的小事，例如讀了一本好書、看完一場電影，和朋友的聊天、散步，甚至做菜來吃等，都會讓人產生些微的變化。

就算沒有大的轉機，人只要活著就會持續有所變化。

所以經過一段歲月後重讀自己寫的筆記，**有時會感覺好像出自似曾相識的人筆下**。

——人經常在變化之中。

這句話聽起來好像很正面，可惜變化的方向未必都是如我們所期望。

爲了在工作上有好的成績而求表現時，往往會瞧不起能力比自己低的人。爲了在社會上闖出知名度，個性會變得越來越狡猾，越來越懂得耍小聰明。太過重視人際關係，而學會拍馬逢迎。太過在乎守時，脾氣變得異常急躁……等。

以上都是我個人的情況，而這些情況其實算是很司空見慣的吧。儘管十分留意，人還是會有所變化。

變化固然無法制止，**然而修正軌道卻是可行的**。

Lifelog筆記可以顯現出自己的變化。

只要重讀以前的紀錄，就會發現一個笨得連打招呼都不會的自己、一個爲了愚蠢至極的想法而興奮得大寫特寫的自己。另一方面，也發現一個遇到任何事情都能比現在更誠心以對的自己。

看到那樣的自己，**我不禁感覺過去的自己彷彿正指著現在的自己問「如今的你又如何呢」**。

所謂的過去，不過是憑藉著記憶存在，而且被美化的東西。

可是一旦重讀lifelog筆記，則必須**直接面對「真實的過去」**。

這可是挺嚇人的感受。

先前提到感覺好像是別人寫的東西，但記錄在過去筆記本上的卻無庸置疑是「自己曾經體驗過的事」、「自己曾經寫下來的想法」。**比起任何偉人所寫的人生訓示、名著等，自己更容易接受**。

看著過去的自己，發現自己改變了，卻不能歸罪到其他人身上。

不禁反省：自己再這樣子下去可以嗎？

【修正變化的軌道化為「成長」】

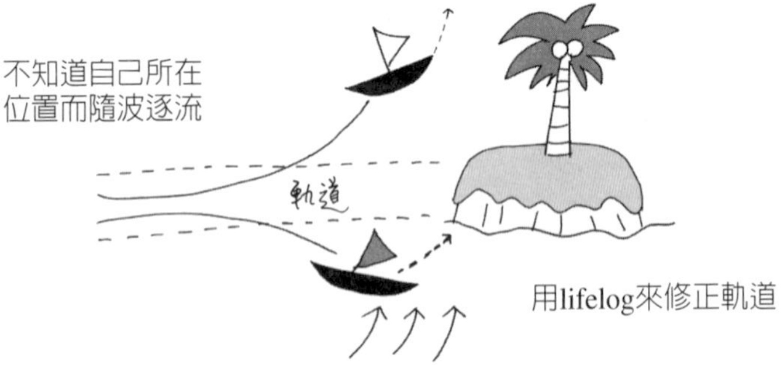

「重讀」是一種手段，可以將變化的方向從「隨風飄蕩」轉往自己希望的目標，給予自己調整的機會。

任何的理想或衝動，往往隨著雜事繁忙、阻擾增多而逐漸磨去稜角。因此就某種意義而言，在環境中隨波逐流固然很重要，但千萬不要被大漩渦捲入。否則就只能用笨蛋二字形容了。

有時候必須確認自己的所在位置和目標，隨波逐流的同時「調整」方位好讓自己接近目的地。因此絕對有重讀筆記的必要。

「個人專屬的筆記」，再怎麼醜也無所謂

只是話說回來，還是有很多人「就是提不起重讀的念頭」吧。總覺得難爲情……。我可以理解那種心情。

我也有過相同的感受。重讀自己寫的書或文章，除非必要，我也不是很喜歡。

重讀筆記時，總是會看到不怎麼樣的自己。跟雜誌上、電視畫面裡看到知名創作者、學者、專家的筆記本有天壤之別。

字寫得跟小學生沒兩樣、內容也很愚蠢……

我看著自己的筆記也常常會這麼想。

可是平心靜氣一想，**那些可都是如假包換的事實**。

就跟個子不高、運動神經遲鈍等缺點一樣，怨天尤人是無濟於事的。**只有敞開心胸接受事實**。

而且我的人生觀認爲，人生在世本來就充斥著醜陋與不堪，太過在意外觀恐怕只會徒增困擾吧。

其他人看起來會活得那麼輕鬆愉快，是因爲我們不太認識那些陌生人之故。

每一個人都有失意挫折的時候，內心也都存在著泥淖與糾葛需要隨時對抗。**也正因為我們需要跟那些人生的負面戰鬥，才能顯現出人性的偉大**。這是我的想法。

所以不管過去的筆記寫了什麼，那已是無法改變的事實，**倒不如毅然決然將它視為平常吧！**

我喜歡的漫畫《鐵漢小男人》中，有一句台詞說：「活下去，眞是丟人！」

看來丟臉的感覺，大家都一樣。

不管其他人的筆記寫得多漂亮，還是刻意設計出來的效果，跟自己一點關係都沒有。只要自己有心，自然能更輕鬆自在地書寫筆記。

一開始就先淡化「個人的要素」

對自己的lifelog感到丟臉是無可厚非的事。

也因此我覺得，如果一開始就不要寫上讓自己羞愧的內容不就結了嗎。換句話說，**不要寫太過內省性的文章**。

我大學時期有將近兩年的時間，習慣用大學筆記本寫日記。結果畢業的時候都被我撕毀了。

因爲我實在重讀不下去。如今我可以釋懷地認爲「學生時代，每個人都會有類似的想法」。

但當時我就是無法忍受。

只要一想到萬一不小心被別人看到了……，就像神經病發作一樣，抓起垃圾桶到身邊便開始一本接著一本毀屍滅跡。

書寫感情、思想等內省性的東西，會造成重讀時的痛苦。這麼一來，**甚至會對書寫的行為也產生懷疑**。由於會陷入負面的錯亂狀態，最好能盡量避免。

自我反省有其必要，但不必刻意爲之。**只要寫下行動記錄就足以說明當時自己的狀態與內心想法**。加上用少許文字表達對讀過的書、去過地方的感想等，已經能夠完整殘留在「腦海中」。

因此與其寫下讓自己不喜歡重讀的內容，**不如多記錄周遭的事物**。**比起討厭的事情，盡量多寫些快樂的體驗**。

這麼一來，就會心生「不如來翻翻上次玩得很愉快的義大利旅遊筆記吧」而開啓重讀的動機。而且爲了增加「快樂」的內容，假日也就會過得比較具有計劃性。

此外在育兒、約會、興趣等記錄上充實有趣的內容也是一種方法。利用家裡的照片列印機、立可拍「Polaroid TWO」等工具，隨時將小孩的照片、自己做的菜色、與情人的合照等貼在筆記本上。

於是lifelog筆記本就會產生很強烈的雜誌或相簿的效果。**即便經過多時，還是很容易引起「想要翻閱」的念頭**。

常聽人說：「不管是風景照還是人物照，拍照的時候

【淡化心路歷程的筆記】

✕ 內省、吐露心情、抱怨、盡是訴說煩惱的「內省性筆記」 ⇨ 無法重讀

○ 記錄事實、附上照片、資料的「以記錄為主的筆記」（偶爾會有個人感想） ⇨ 能以翻閱雜誌、相簿的心情重讀

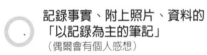

『能反映出攝影者的心情』。」所以記錄lifelog筆記時不要太鑽牛角尖想太多，就像拍生活照一樣，輕鬆自在就好。利用剪報、照片等增加非個人心情的要素。這就是讓重讀變得容易的秘訣吧。

看清「個人主題」

記錄lifelog筆記後，常會發現自己都未曾意識的主題概念。**記錄的時候雖然沒發覺，但事後重讀會發現筆記本上老是重複同樣的課題意識，以及老是有類似的煩惱和想法。**

例如日前正好翻閱了一年前的八月筆記本，到處都可看到用暴躁的筆跡書寫「無法集中精神持續下去，感覺很煩惱。我不行了」等抱怨和憤怒。

之後看到寫著：

「不如將飲食內容改以蔬菜爲主試試看吧」

「開始早起運動吧」

我不禁有些驚訝。

因爲「必須做好控制集中力」正是我目前所思考的課題。

另外在那本筆記本上，我還寫著：「想讀現代史」。

那是看了電視播出紀念戰爭結束的特別節目而起的念頭，**正好也是我目前湧起的想法**。

原來鍛鍊集中力和閱讀現代史是我從一年前就覺得「應該要做的事」。

我居然一點長進都沒有……不對，應該說亡羊補牢爲時不晚才對！轉個念頭後，我**又開始採取新的行動**，決定：「總之先買三本書回來讀，就當作是先期投資吧！」

因爲重讀筆記而發覺自己一再重複某些行爲。

這是一項重大的發現。如果沒有意識到這一點，只怕每年一到春天都想學習新事物、一到夏天就想減肥，結果卻一事無成一年過一年……

腦子裡的模糊想法，因爲還未在自己心中形成明確的主題意識，所以沒能付諸實際行動。這種情形司空見慣。

一旦重讀lifelog筆記，就**可擁有按照時間順序觀看自己意識變化的觀點**。否則很難發覺自己眞正思考的懸念和主題。

【沒有凸顯主題就會一再循環】

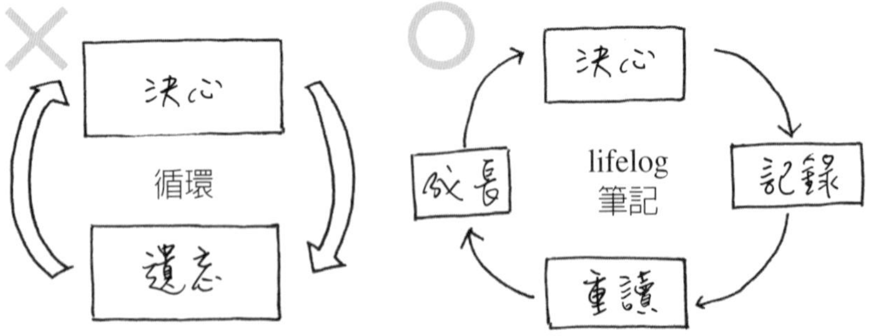

探索心理狀態提高幹勁

可以透過lifelog筆記控制自己的心情。

大家是不是常有上個禮拜還幹勁十足，過完週末假日後卻無心上班，才到中午就精神恍惚的情況呢？

以我個人來說，通常在結束一項大工程後，緊繃的神經線會斷裂，儘管還有很多事需要處理卻不想動手。就連整理桌面、回電子郵件、整理收據等瑣事也懶得做，任憑堆積如山。

不管是工作還是家事，很難保有動作俐落迅速解決的動力，也就是缺乏所謂的「幹勁」。

遇到這種情形該如何是好呢？重讀lifelog筆記會是一個好辦法。重讀昨天或一個禮拜前等時間較近的記錄時，**能產生讓幹勁復甦的效果**。

光是翻閱根據上個禮拜的工作模式和時間順序所寫的行動記錄，就會產生「今天也不可以鬆懈，保持幹勁做下去」的心情，腦筋靈活度也跟著提升許多。

如果讀到上週行動記錄中的開會情況時，發現：

「對方對我的期待很大，我必須更用心做才行。」

心情自然也會跟著振奮起來。

以我來說，到東京談完公事後回到大阪時，往往實際感受會變得淡薄。

「用不著立刻動手，反正船到橋頭自然直……」

因爲環境完全不同，對於事情的急迫度和重要性也就逐漸缺乏實際感受。

遇到這種難以擺脫的「懶散」情況時，首先就該翻開筆記本，看著業主的名片，重讀開會討論的內容。

有時一翻開筆記本，會看見上面貼有當時用「Polaroid TWO」拍的開會照片。不禁對「**自己一個禮拜前的未卜先知**」感到驚訝，居然事先知道會有這種情況而貼上照片。**只要翻閱筆記本，常常內心就像響起「不可以再這樣子下去」的警笛聲，而恢復原有的動力。**

以前曾經讀過某位登山家的著作，書中寫著：

「攀登有性命危險的高山時，我會坐在山壁前，凝望著岩壁、冰壁等自己即將攀登的路徑，等待著亟欲爬山的心情湧現。」

引擎沒有發動時，就算面對工作也無法抑制「好煩、不想做」的心情。這時候不妨透過lifelog筆記找到控制動力的線索吧。

無法重讀的最大理由在於「不容易找到」

我們已經知道重讀lifelog筆記的各種好處。

那麼到底具體上該怎麼做，才能在日常生活中重讀lifelog筆記呢？

在思考這個問題之前，首先要確認一件事。

你是否將用過的筆記本收放在容易取出的地方呢？

如果是放在抽屜深處或壁櫥裡，當然只能得到一個大叉叉。因爲太不容易找到了。筆記本一旦被收了起來，就會因爲懶得去翻箱倒櫃找出來而不願意重讀。

要想重讀的前提條件之一就是，**必須先設有用過筆記本並列的專屬空間**。

至於是在家裡還是辦公地點，就看哪裡可以放鬆心情重看筆記本而定。除非是自己開業的人，否則一般人都應該會選擇在自己家裡吧。

以我的情形爲例，我在家裡書桌後面的書架，按照時間順序排列了最近兩年的lifelog筆記。雖然我希望能擺上五年份的筆記本，但畢竟空間有限。

重讀的時候，爲了避免歸位時放錯地方，會用一本新的黑色表皮筆記本插進空位裡。總之就是要像辭典或參考書一樣，**做到「一伸手就能翻開」的容易查閱**。

沒有書架的話，建議可排列在書桌上用書擋固定。只要容易找得到，就能減少翻閱所需的動作。甚至臨出門前突然心生「想帶一本到電車上看」的念頭，伸手就能如願。讀完後放回去也很簡單。

選擇筆記本時，爲顧及找尋的方便性與排列在書架上的整齊性，大小最好以A6或A5爲主較好。

最後用一句話做個總結：**不是為了重讀才放在身邊，而是放在身邊才方便隨時重讀**。

重讀的精髓在於「標記&時間點」

安排好排列筆記本的空間後，一切準備工作便完成了。

接著來到「具體該如何重讀筆記」的階段。

將寫完的筆記本排列在書架上

排列在書架上的特定位置，便於不用站起來伸個手就能取得。取出後，為了容易歸回原位或是做為日後的參考，不妨在書背上編號。

重點有二：

・**「標記」**

・**「時間點」**

首先必須謹記在心的是**「漫無目的想重讀筆記，其實是讀不下去的」**。因爲跟閱讀書籍不一樣，必須講求對策才行。其對策就是**「標記」**。

重讀時務必要使用標記用的筆。

「其中有可以使用的點子就用綠色的筆標記出來。」

「吃的東西都用紅筆畫上底線。」

「有關書籍和電影的感想，就貼上Post-it便利貼。」

必須類似這樣**帶著目的翻閱筆記本**。

大家可回想起學生時代，不就是因爲使用螢光筆和紅筆確認重點，才有辦法讀得下枯燥的教科書內容嗎？

同樣地，重讀筆記時務必要落實**「確認作業」**。

另外一個**「時間點」**的重點，指的是lifelog筆記放在一旁，是不會有任何重讀的機會。**除非刻意製造重讀的動機或機會，否則是不可能翻閱的**。

因此重讀的機會必須從生活中去產生，**事先決定好「遇到這種情況時重讀」的時間點**。

只是茫然地想著「翻開筆記吧」、「定期重讀吧」，是永遠也無法養成習慣的。其實這本來也不算是很費工夫的事，只要講求對策，自然就能輕易地拿起筆記重讀。

標記——將重讀變成一種「作業」

重讀的秘訣在於變成一種**除了眼到還要手到的「作業」**。

lifelog筆記裡面固然會有剪貼資料，但基本上還是以原子筆書寫的「行動記錄」爲主。

【重讀的兩大重點】

標記	×	漠然地重讀
	○	抱有目的進行確認
時間點	×	定期重讀
	○	跟某種行動產生連結

就算書寫時考量到不要讓重讀時感到枯燥乏味，但內容還是不可能很有趣。畢竟要用眼睛追著記述的文字讀下去是很困難的事。

所以要做到某種程度的專心閱讀，最好的方法就是用螢光筆畫出自認爲重要地方的「標記作業」。

好處是：只要用螢光筆強調過一次後，就能讓下次起的翻閱視線受到引導，變得比較容易讀。

例如試著留意下列的幾種對象進行標記作業。

・標記時間

爲了以視覺性捕捉時間而做的標記作業。

我習慣用螢光筆來強調每天結束的「分界線」，或是每月一號在邊緣塗上不同色彩，**可直接從筆記本上感應到時間的經過**。

其他像是想要重新思考上午時段的使用方式時，可只需要標記出上午的行動記錄；考慮減少加班時，可將每天的下

重讀時務必使用螢光筆

由於漫無目的地重讀很快就會失去專注力，因此可將筆記本上令人印象深刻的文字、愉快的行動標記出來。建議使用可塗可寫、顏色鮮明的螢光筆。

班時間標記出來以便於比較等，「標記時間」的方法不一而足。

對於手邊工作太多，想要「大致確認○天前行動記錄」的人，則建議如下圖使用**「Post-it Flags」**的透明膠片便利貼，像辭典一樣按照日期做出「索引標籤」。

・標記行動

一邊標記出特定行動，一邊進行檢視，也是一種重讀的好方法。

例如用餐內容。只標記出三餐的菜色，一眼看過去就能清楚看出自己的飲食偏好。也能產生類似跟第四章所介紹之「填入式索引表格」的效果。

比方說特別將花了長時間書寫完成的文件、稿子等標記出來，**表示對此一工作行動記錄的重視**，也因此能夠了解究竟是以怎樣的頻率、花了多少時間完成的。

此外**用粉紅色標記出和家人共處的行動記錄、用藍色代**

用「Post-it Flags」做「索引標籤」

於每週第一天貼上便利貼，做成可按照日期翻閱的索引標籤。頁數較多的筆記本，除內頁外，若能事先就物理法則加以標記，亦有助於日後重讀的便利性。

表工作、休閒時間是綠色、育兒時間是橘色等，在不至於搞混的程度內以顏色做區分的話，視覺上就能一目了然時間的分配，而產生調整改善的想法。

・標記主客關係

重讀的時候，將行動記錄中有關個**人感想和意見的部分標記出來**，就可以完成一本更能體會當時心情的lifelog筆記。

爲了便於區分，我用「○」表示客觀的事實，用「☆」表示自己的想法。**接著又更加凸顯「☆」的部分**。

這樣標記的好處是**很容易從中找到新創意**。因爲在感想的部分，常常會寫上願望或改善對策等想法。不過由於並非隨時都能發掘出「不錯的點子」，結果往往只是寫出來了卻沒有付諸實踐。

也有思考的時候並不知道如何是好，而是在重讀的時間點浮現出實行方法。因此在當時即便是枝微末節的小事，只要寫下來，重讀時或許就能發展爲下一個行動的轉機。

時間點——將重讀納入生活軌道

不知道讀者們是否已經了解「該如何重讀」了呢？

就我個人的感覺，**lifelog筆記就像是歷史教科書一樣**。

一本日本史課本可以只挑南北朝時代、只挑幕府末期的長州藩年表、只挑隨時代而轉變的建築形式等，充滿各式各樣的重讀方法。

同樣地，lifelog筆記也可因「見面的人」、「讀過的書」、「去過的地方」、「個人感想」等**鎖定對象的不同而產生全然迥異的印象**。

我認爲設定標記的對象可以增加重讀的樂趣。

接下來要談「**什麼時候重讀**」。

應該有很多人是「忙得都沒有時間重讀」吧。但就算是大老闆還是總理大臣也不可能完全都沒有空閒時間。利用約會對方遲到的空檔，或是在電車中不要玩弄手機改拿出筆記本來，就會有重讀的時間。

只要有過重讀而獲利的經驗，即便只是睡前的十五分鐘，也會透過重讀過去的筆記等方式，將lifelog筆記當作思考的工具加以活用。

使用中筆記的「倒讀」與「正讀」

我最常重讀的就是**目前正在使用中的筆記**。

由於經常帶在身上，書寫和剪貼的同時會順便參考上個禮拜的電話留言等內容而有許多重讀的機會。移動中通常不是翻書就是一邊標記筆記本一邊重讀。

在電車中寫字固然並非舒服的事，但若只是用螢光筆畫線倒還可以輕鬆進行。

我常常茫然地看著攤在腿上的筆記本想事情。

這時會採取**「倒讀」和「正讀」**兩種方式。

「倒讀」就是從今天的行動記錄以「昨天→前天→三天前」追溯時間的方式翻回去看。

「正讀」則是從某個時間點，例如開始使用這本筆記本的那一天——七月二十日起，依序從「二十一日→二十二日→二十三日」看下去。

「倒讀」的好處是：**可以在短時間內重讀，並且立刻抓住內容重點**。例如從行動記錄想出三天前的工作內容，然後思考「如果要繼續做下去的話，今天該如何著手……」。

「倒讀」可以觸發出這種的想法。

相對地，「正讀」則是**退一步整理自己的過去，可用在以更大的觀點眺望自己的時候**。例如按順序重看一個月前的行動記錄，可以了解「對自己而言這一個月究竟是什麼樣的期間呢」。

「這一個月來，老是很鬱悶地關在屋子裡看書，因此九月起必須盡量遠出，讓自己的頭腦通通風。」

「這幾個月，都是跟同業界的年長者碰面，接下來應該找不同業界的年輕人一起玩才對。」

像這樣找到機會好好做出有助於自己人生設計的重大計畫。

以我來說，「倒讀」的情況佔大多數。因爲「正讀」很花時間，而「倒讀」只需兩三分鐘便足夠了。**很適合在電車中等移動時間進行**。

【「倒讀」與「正讀」】

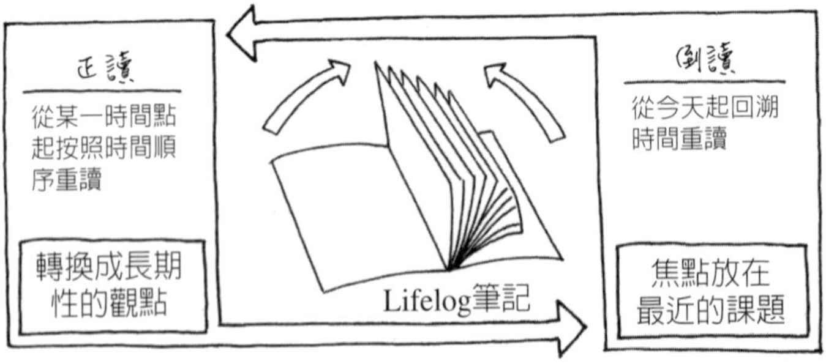

不過若是在搭乘新幹線或飛機、在咖啡廳翻閱雜誌時感覺厭煩了，**可利用這種較長的時間從事「正讀」**，避免自己的視野變得狹隘。

有系統地定期重讀

希望能養成習慣的是：**一天結束時重讀當天的行動記錄**。這不過是只須花費三十秒鐘就能完成的動作，但專程要取出筆記本做這件事卻讓人覺得很麻煩。

所以我通常在夜裡會一邊看著錄好的電視節目，一邊翻閱筆記。利用這個時間順便剪貼資料、寫下觀看電視的感想等。看電視的時候常常會想起很多事情，因此**建議利用看電視的時候拿出 lifelog筆記**。

我有個朋友習慣在星期五晚上回顧一個禮拜的行動記錄。比起一整個禮拜的重讀作業，我喜歡「每日回顧」，感

【有系統的重讀法】

每日回顧	在每天結束和開始時重讀
每週回顧	在一週結束和開始時重讀
換新回顧	在換新筆記本時重讀

覺比較輕鬆。相信也有些人會覺得**「每週回顧」**比較適合自己吧。

上班族可在星期一早上重讀上週的行動記錄，振奮好工作士氣才出門上班，應用方法因人而異。

除了每天結束時的重讀外，我也一定會在筆記本用完的**「換新」**時間點，從頭到尾將整本筆記本再翻閱一次。

在製作索引的過程中重讀

寫完一本lifelog筆記時，我一定會更新在第一章所介紹的「索引檔」。所謂的索引檔是爲了用電腦檢索lifelog筆記而建立的資料夾，例如在一本lifelog筆記中寫有旅行的記錄、來自親友的書信、重要的新聞剪報、國外出差的記錄等內容，我會用下圖的方式將之輸入Excel檔。

於是當我檢索檔案內的文字列時，馬上就能知道資訊收錄在哪一本筆記本中。

若是兩三年前的旅行記錄，通常可以想起是什麼時候的事，或看到排列在書架上的筆記本就有印象。**但若是更久以前的事，要想靠封面的印象找出來恐怕會很困難**。尤其是記錄多年後，累積的筆記本也會增加不少。

因此爲了在完全忘記的情況下想要找到資訊，就必須事先做好**「資訊安全網」**的索引。

Lifelog筆記因爲建立有「索引檔」，所以可以重讀所有資訊。

如果覺得輸入很麻煩，可減少項目。

製作一本筆記的索引時，可設定一百個項目，也可如下圖只設定三個項目，完全看個人的方便與自由。

就算索引檔的項目很少也無所謂，畢竟有無建立索引檔的差別很大。**為了讓重讀變成習慣，至少可試著建立「只索引旅行記錄」等規則**。

以我來說，大概一個月會寫完一本lifelog筆記，因此輸入索引資料發揮了相當於**「每月回顧」**的功能。索引檔可在用完筆記本時更新資料即可。

【索引檔的製作範例】

筆記編號	日期	標題
168	100712	伊豆半島旅行
168	100718	黑田的來信
168	100721	產經「CNN記者因推特被解雇」
168	100724	上海出差

重讀×年前的今日記錄

目前正在寫的筆記、前不久的筆記，甚至更早以前所寫的筆記，還有什麼活用法呢？

其中之一是**遇到機會就重讀剛進公司時、結婚時、獨立開業時等「人生重要時刻」的筆記**。

如果有哪一本筆記是「每次翻閱都能提振自己的心情」，爲了能隨時帶在身邊看，用掃描方式做成數位資料放進HDD、USB隨身碟等也是可行的方法。

不過lifelog筆記的趣味性，其實**無關乎人生的重要時刻，而是在於記錄的持續一貫**。如果只翻閱「重要時刻」的筆記，就某種意義而言，實在是太浪費的。

因此我最後的提議是下面的重讀方式。

——**翻開×年前的今日筆記**。

例如出差的時候，先從書架取出包含「一年前的今天」、「兩年前的今天」和「三年前的今天」的筆記本放進公事包裡，於新幹線或飛機中重讀。我常做這種事，感覺很有幫助。

不管是夏天還是冬天，因爲氣候和節慶活動等條件都一樣，**更能夠凸顯出自己「發生什麼**

樣的轉變」和「如何成長」。有些變化在幾個月內不太看得出來，但經過「三年前的現在↓兩年前的現在↓一年前的現在」等不同階段的比較，自己的變化一目了然。

或許變化會有大小程度的差異，但不可能有人完全都沒有變化吧。

就算產生「好像沒什麼成長」的印象也無所謂，因爲包含這種感受都**表示自己更加認識自己了**。

梅棹忠夫在他介紹資訊卡活用法的《知性生產技術》（岩波新書）中提到：

「將自己的知識、思想等用卡片並列出來後，會發現怎麼就這麼一些而已，頓時有自尊心受損的感覺。」

那種期待落空的心情每個人都會有。

Lifelog筆記也一樣，重讀的時候不要自我評價太高，重點在於誠實面對眞實的自己。

不要跟別人比較，必須接受自己的軟弱與愚笨。但即便有些許的進步，也要誠實為自己感到高興。我認爲持續抱有

【重讀×年前的今日記錄】

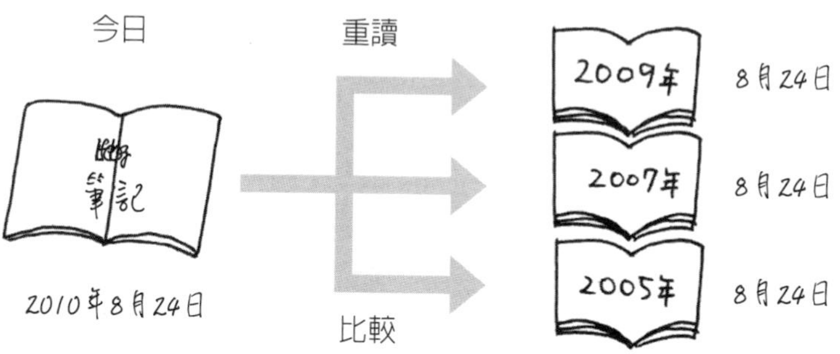

這種小小的向上心，就是迎向成長的重要態度。lifelog筆記就像是一種舞台裝置，引導自己完成目標。

NOTE BOOK

附 錄

23種 lifelog 的輔助工具

See your entire world in a single notebook.

行動記錄的輔助工具

1 仰躺時也能書寫的「POWER TANK」

想要隨時隨地都能書寫行動記錄時，自然希望使用高信賴度的筆。因爲是加壓式的，就算被雨水打濕了還是能書寫。方便在戶外使用。

躺在沙發或床上時，筆心朝上也能書寫。

2 適合帶著到處跑的多色原子筆「REPORTER」

就攜帶的方便性而言，建議使用這款筆身較短的筆。可插在包包或上衣較淺的口袋上，也可以直接橫放進西裝上衣的口袋裡。

3 外出時便於攜帶、有鋼筆味道的「Tradio Pulaman」

這是塑膠製的鋼筆，最大特徵是書寫的感覺有點像是毛筆，又像是簽字筆。外出時帶鋼筆會擔心萬一墨水不夠用，有了這支筆就能安心。

1

POWER TANK

（三菱鉛筆）

2

REPORTER

（TOMBOW鉛筆）

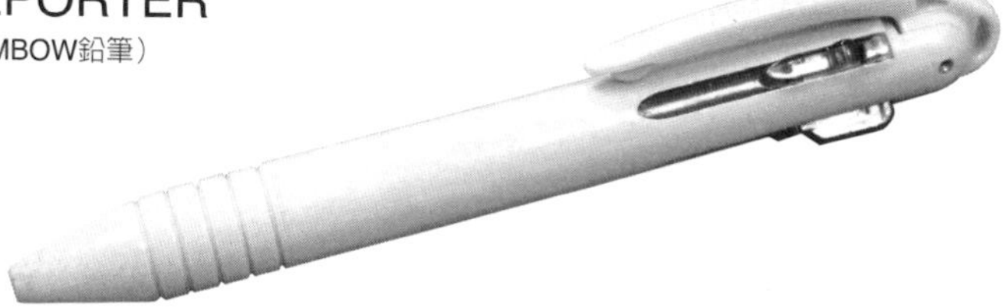

3

Tradio Pulaman

（Pentel）

4 剪貼也能使用的「騎縫線美工刀」

騎縫線美工刀一般用來在紙上劃出摺線或幫文件打出「騎縫線」。我則是當作裁切雜誌和文件的美工刀使用。

一般的美工刀，往往割紙時下一頁也會被切割開來。但是使用騎縫線美工刀，即便切到了，只要不撕開騎縫線，紙張就不會脫落。有時爲了方便撕開筆記本的內頁使用，也可事先拿騎縫線美工刀劃過。

5 收集資料用的文件夾「SUPER HARD HOLDER」

我經常用這種文件夾收放別人給的資料、簡介和剪自報章雜誌的文章等。

不同於一般的文件夾，因爲具有防止脫落的外蓋，裡面的資料不會散失。而且還有分隔頁。加上又是硬質外殼，便於攜帶大量的文件、紙張和票券等。

背面還附有可以夾紙的固定夾，可當成夾板使用。在電車上讀資料或順手將靈感記在紙上時都很方便。

4
騎縫線美工刀
（OLFA）

5
SUPER HARD HOLDER
（KING JIM）

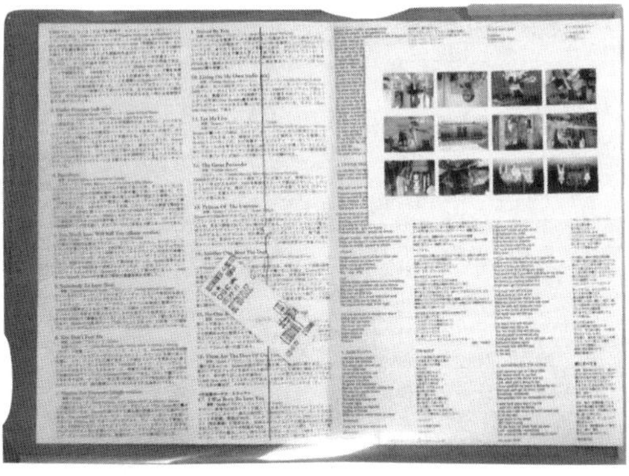

6 只需30秒就能貼的數位照片「Polaroid TWO」

這是「有列印功能的數位相機」，當場就能列印出名片大小的照片。可說是讓lifelog筆記變得有趣和樂此不疲的強力武器。

由於列印出來的照片是貼紙，立刻就能貼在lifelog筆記本上。而且不同於過往的立可拍相機，照片並非「只此一張」，數位資料會存進ＳＤ記憶卡中。

另外也有攜帶式的列印機，在很想立即列印出手機、單眼相機所拍攝的照片貼在筆記本上時會很方便。

我習慣將其他高性能數位相機所使用的ＳＤ記憶卡插入這款相機的記憶卡槽裡，加以列印。這樣就能彌補「Polaroid TWO」的缺點（因爲是自動對焦，無法進行微距攝影）。

一張照片的成本約日幣三十圓，跟便利商店的列印收費差不多。拍攝小孩子、寵物、開會情形等貼在筆記本上，更能留下當時的「氣氛」。此外在名片上貼上何時拍的照片，有助於記住對方的長相和姓名。

6

TWO

（Polaroid）

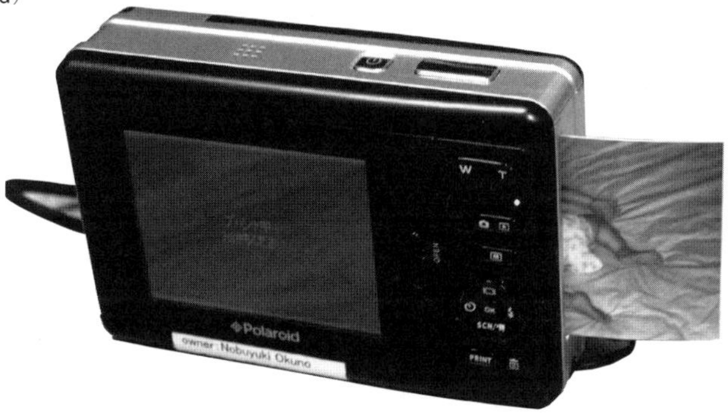

7 將手邊紙張搖身一變的「貼紙機」

這是一種特殊商品，從上面的開口放進紙張，拉扯下面的膠帶時，就會化身變成貼紙而出。膠帶的背面全部壓膠，表面完全空白。

放進去的紙張寬度約三點五公分，大約是ＳＤ記憶卡的長度。只要寬度在這個範圍內，長度也不超過膠帶的容量，即便是長形的衛生筷紙套都能做成貼紙。

本商品最大的魅力在於整體感覺和機器本身的趣味性。便於將車票、郵票等小紙片做成貼紙用來裝飾筆記本封面。或是將手寫的紙片做成「標籤貼紙」也很實用。製作的過程中不會弄髒手，紙張的背膠也塗抹得很均勻，可直接保存資料。

我習慣用剪刀裁開「版面設計」列印的照片，透過這個機器做成貼紙，不管貼在筆記本內頁或是封面都好，也可以貼在信紙或是明信片上。這是任何人都想放一台在書桌上的「好玩」工具。

7
「貼紙機」
（XYRON）

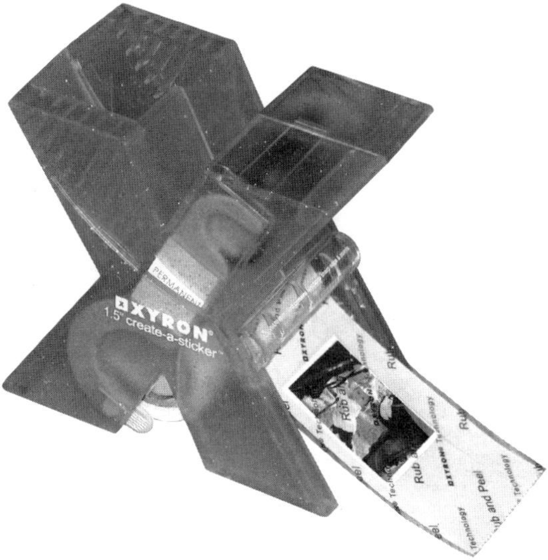

（使用例）

8 可自行設計用途的「Post-it 強黏性整面背膠便利貼」

不同於一般的便利貼，這是整面可貼在牆壁、電話上的強黏性「可重複黏貼」的便利貼。根據包裝紙上的說明，通常是用來貼在文件夾、檔案夾作爲標籤使用。但運用之妙存乎一心，只要有創意用法千變萬化。

首先可以用來寫備忘事項。寫上絕對不能忘記的重要事項貼在筆記本封面上，就算再怎麼忙碌也不會看不見吧。

另外也能當作膠帶使用，將寫在紙片上的行動記錄黏貼於筆記本上，而且重複黏貼也不會傷害紙質。

用這種貼紙將兩張內頁黏在一起，就能做出簡易的紙袋收納名片或資料。

我通常會用這種貼紙做成下一項介紹的文件夾磁鐵，貼在筆記本封面上。

8

Post-it 強黏性整面背膠便利貼

（住友3M）

（使用例）

9 將筆記本變身為文件夾的「輕薄型磁鐵」

記錄lifelog筆記時，手邊常常會有許多待會兒才要貼的資料、簡介、電影票根等想要先夾放在筆記本的零碎紙張。

可是如果只是夾在其中很容易散落，硬是要用蝴蝶夾固定，又要多一道拆開的手續。於是我用膠帶將「輕薄型磁鐵」貼在筆記本裡，做出「獨樹一格的筆記」。

一如左頁的照片，我用前一項介紹的「Post-it強黏性整面背膠便利貼」將磁鐵貼在封面背後和第一頁上面，就像是市面上常見「磁鐵固定夾」，可在封面和首頁之間固定紙張。因此就算是揮動筆記本或掉在地上，夾在其中的紙張也不會散落。**比起用蝴蝶夾固定筆記本帶在路上走還更能安心**。

我所使用的磁鐵是在東急手創館材料樓層買的「強磁性磁石膠布」。薄薄一片磁石，卻有驚人的磁力。假如要夾的紙張數量不多，也可使用坊間常見的「MAG SHEET」，那是一種膠質的磁石片。

9

強磁性磁石膠布

（磁石工房）

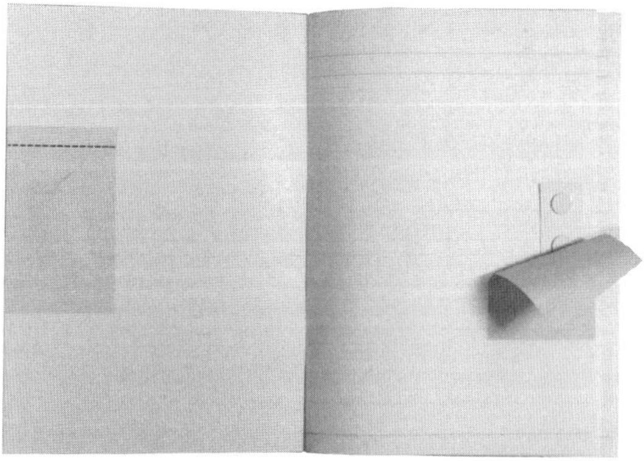

MAG SHEET

（PILOT）

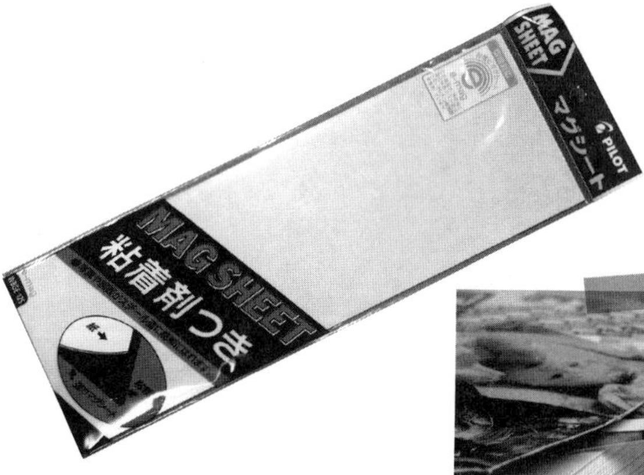

（使用例）

10 可改造筆記本加上飾帶的「鑽孔式打孔機」

這是可將較厚的筆記本、備忘錄等打出漂亮孔洞的鑽孔式單孔打孔機。擔心筆記本會掉在地上或遺失的人，可在筆記本的一角打洞。然後穿上吊帶掛在手肘上的話，就算站著寫字也不怕筆記本會掉下來。也可利用孔洞幫筆記本加上書籤飾帶或綁一支筆。

11 可做出個人專用筆記本標識的「和紙膠帶mt TAPE」

在封面貼上自己喜歡的照片等固然最好，但或許有些人一時之間找不到適合的素材。這時不妨考慮使用繽紛多彩的和紙膠帶。

由於可以重複黏貼，因此可毫無壓力地用來裝飾筆記本。另外也可用來補強破舊的封面，或是當作便利貼一樣凸顯特定頁面等，十分好用。手邊擁有一捲，更能擴展筆記本的製作幅度。

10

鑽孔式打孔機

（PLUS）

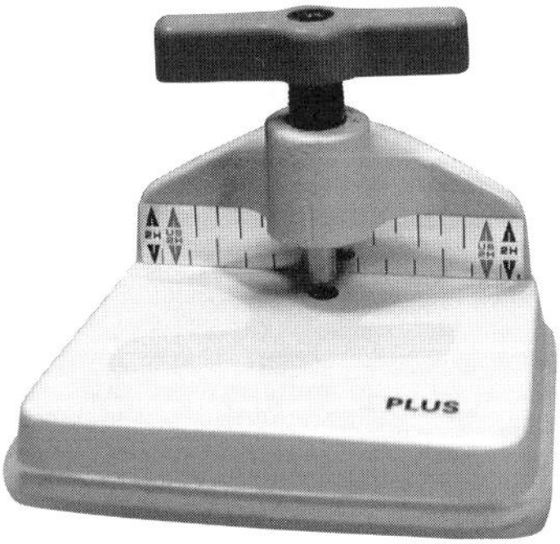

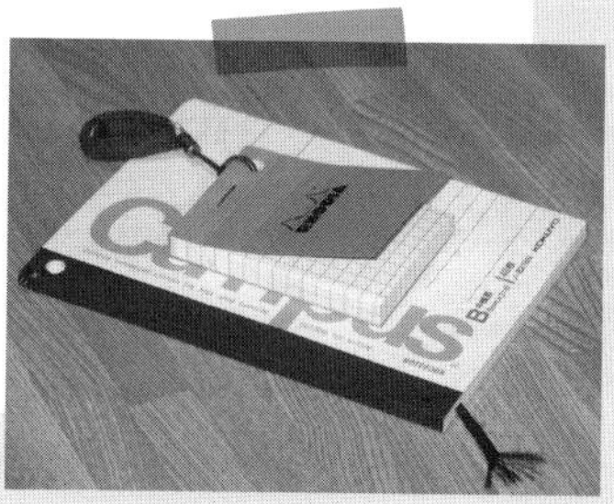

（使用例）

11

和紙膠帶mt TAPE

（加茂井加工紙）

（使用例）

12 可貼在筆記封面的「透明保護膠膜」

如左圖所示，當筆記本封面貼上照片或票根時，每一本筆記本就呈現出不同的「個性」。因此會回想起「寫著西班牙旅行的筆記好像貼有山貓的照片」，而比較容易找出來翻閱。

問題是剪自雜誌的圖片紙質很薄，即便是沖洗出來的照片較厚，就算塗上膠平整貼在封面上，放在包包中經過擠壓也會斑剝脫落。

爲了避免這種情形，可用類似大片膠帶的透明保護膠膜將照片包好貼在封面上。包的時候有個小技巧，就是不能讓空氣跑進去，這樣才能有熨貼平整的效果。

我用照片、明信片裝飾封面時，會先裁下比圖片輪廓稍大的透明膠膜直接貼在其上。

除此之外，如果過去已經將封面用膠水貼滿照片或圖片，已無法再貼任何東西時，爲了防止脫落可以仿效圖書館的書，用膠膜將整個封面給包起來。

12

FILMOLUX609
（FILMOLUX）

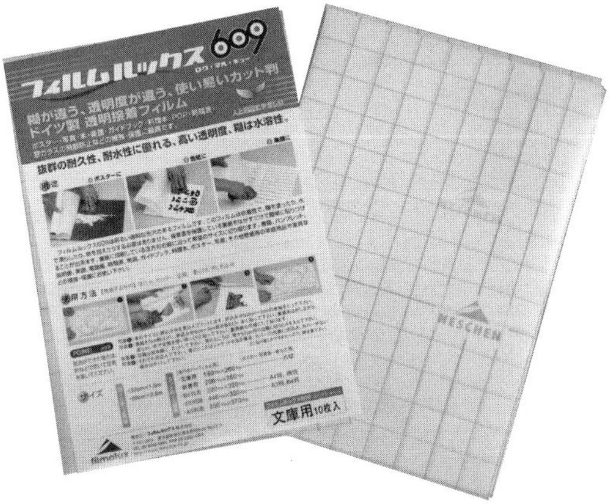

COVER FILM
（NICHIBAN）

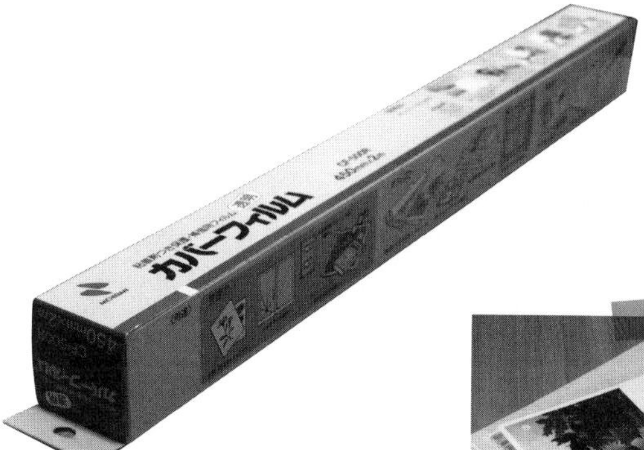

（使用例）

13 方便攜帶的迷你備忘簿「Nano RHODIA」

在擁擠的電車中或走路等無法翻開筆記本的時候，可先將行動記錄寫在備忘簿上。可是襯衫口袋放本一般的備忘簿會顯得鼓鼓的，然而這本「Nano RHODIA」是A8（文庫本的四分之一大）尺寸。可說是市售備忘簿中最小的一本，放進褲子或西裝口袋，幾乎感覺不出它的存在。因爲比名片還小，要想記錄創意想法或許空間不夠，但寫行動記錄剛好。外出時利用空檔書寫，回到座位時再用膠水貼在筆記本上，就能簡單與筆記本化爲一體。建議也能使用第十項介紹的鑽孔式打孔機，打個洞穿上吊繩使用。

14 隨時都能工整畫出格線的「FILLER NOTE」

爲了因應臨時想畫圖表或漫畫，我總是會帶上方眼格線的FILLER NOTE。因爲如果是橫線筆記本，圖表容易歪掉畫不好，使用方眼格線就沒問題。圖表可先畫在FILLER NOTE上，事後再貼在橫線筆記本上，就能做好資訊的統一管理。

13

Nano RHODIA

（RHODIA）

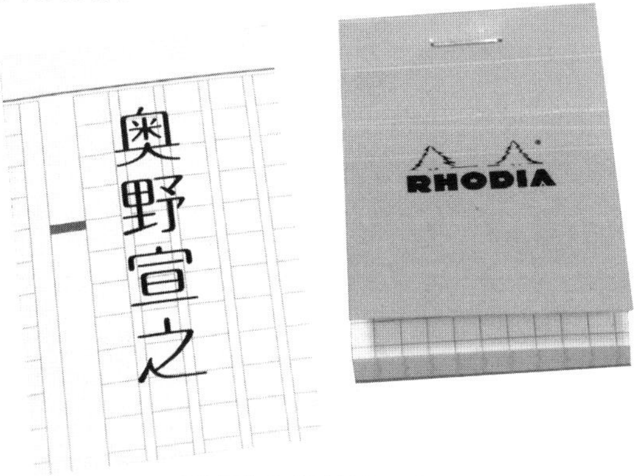

※ 跟名片比較就能知道有多小

14

FILLER NOTE

（KOKUYO）

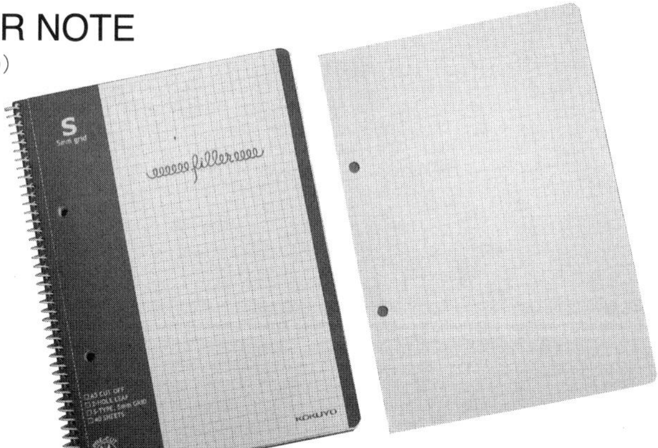

重讀時的輔助工具

15 可於深夜重讀筆記的「閱讀燈」

夜晚就寢前想要重讀旅行時的行動記錄，感覺十分優雅。問題是我們家是打地鋪睡在和室裡，爲了怕吵醒小孩也不敢開燈。這時光線不會影響周遭的LED閱讀燈便派上用場。

16 就算沒有桌子，坐在沙發或和室也能書寫的「Lap Desk」

書寫筆記時總是需要「底座」。

「Lap Desk」正是方便好用的「底座」。所謂的「Lap Desk」，正面是木板，被面是軟墊，是一種適合放在大腿上使用的桌子。坐在沙發或盤腿坐在地板時都能用。一張在手，就能邊看電視邊輕鬆寫行動記錄，放上筆電也能進行簡單的操作。

15 寢室閱讀燈（LED光源）

16 Lap Desk（The Original LapDesk Company ）

17 躺在地板上也能從事標記作業的「DERMATOGRAPH」

由於標記作業很容易陷入機械化，因此盡可能使用方便確認的筆是很重要的選擇。除了一般的螢光筆外，找到自己愛用的筆也能讓枯燥的標記作業不容易生膩。

DERMATOGRAPH是一種不用削，只須扯拉線頭筆芯就會出現的紙捲色筆。顏色種類豐富，筆頭也不會乾掉，適合放在家中使用。我習慣在餐桌、客廳、床頭等地方放幾支黃色、黃綠色和粉紅色的DERMATOGRAPH。躺在地板上也能書寫，而且不用墨水不用擔心會弄髒衣服和棉被。

18 可補充墨水的螢光筆「Prefix」，適合用量兇的人

包包中隨時都該放有一支螢光筆。

顏色最好是黃色或黃綠色、橘色、粉紅色。因爲經常會用到，可補充墨水的會比較方便。

外出時我習慣在電車中完成重讀筆記、瀏覽與分類文件、讀書等動作，任何場合都少不了用到螢光筆。

17

DERMATOGRAPH

（三菱鉛筆）

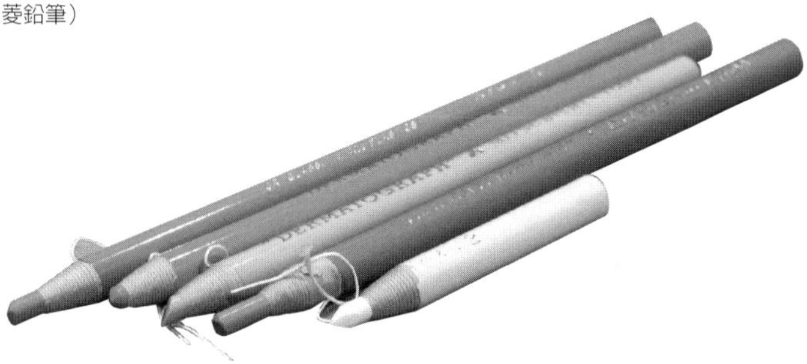

18

Prefix

（KOKUYO）

19 功能最強的確認筆「Post-it Flag Pen」

集合螢光筆、Post-it Flag便利貼、原子筆於一身的萬用筆。

只要放一支在包包裡，忘記帶上述哪一樣文具或是遇到螢光筆沒墨水、便利貼用完了等狀況時，就能應急派上用場。

20 適合大篇幅確認的「Textsurfer gel」

想到作業容易生膩時，最好能盡量多收集各式各樣的標記工具。

因此擁有一支不同於一般商品的螢光筆絕對不能說是浪費的舉動。

這支「Textsurfer gel」是將類似蠟筆的膠質墨水塗抹在紙上。因爲只能畫出模糊的線條，不適合用來強調狹小範圍的重點。

不過它不像螢光筆有筆頭乾掉的問題，畫在鋼筆書寫文字上也不會暈開，具有螢光筆所沒有的優點。

19

Post-it Flag Pen

（住友3M）

20

Textsurfer gel

（STAEDTLER）

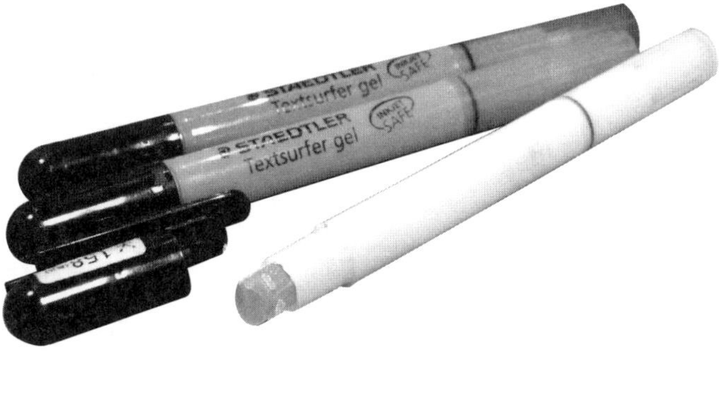

21 提示重點所在的「Post-it Flag標籤」

標記的同時，如果發現好點子或值得事後重看的重要記錄時，我習慣貼上這種透明膠片的Post-it Flag標籤。

由於lifelog筆記經常需要帶在身上走、坐電車或躺在被窩時也會翻閱……，可說是「操得很兇」，使用紙質的Post-it標籤怕容易破。

攜帶時，建議先在大張紙質便利貼上貼上十張左右的透明膠片標籤，然後貼在筆記本的封底。如此一來，換新的筆記本時，就只須將大張的紙質便利貼撕下貼過去就好。

透明膠片的Post-it Flag標籤也有和可標示重點所在的箭頭形標籤合成整套的「標示型便利貼」販售。

22 「Post-it Flag 強韌型便利貼」

這是質地比前述的便利貼還要更強韌的Post-it索引標籤。

是該系列商品中最不容易折斷的膠片材質，就算放在包包中被擠壓，也不會折損到看不見。可用來標記最重要的內容。

21

POST IT JOB
透明標籤便利貼
（住友3M）

POST IT JOB
標示型便利貼
（住友3M）

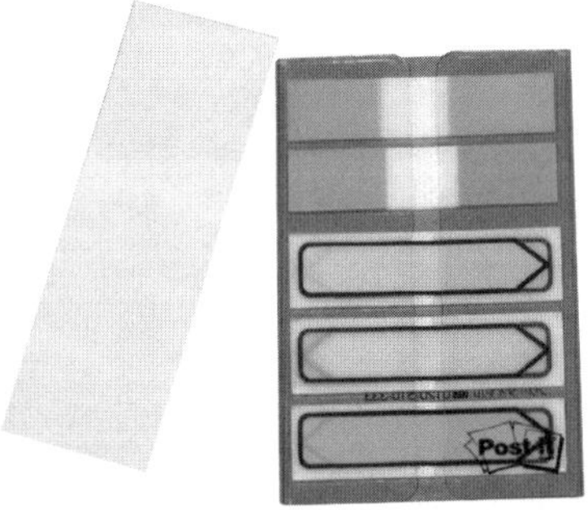

22

POST IT JOB
強韌型便利貼
（住友3M）

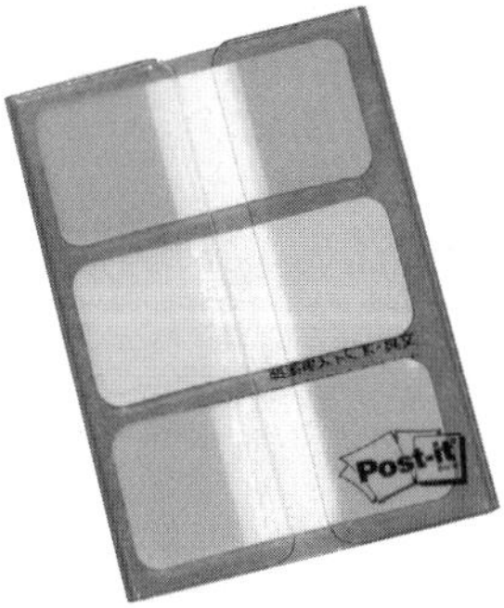

23 辦公室和記事簿用來作為提醒標誌的「功能性貼紙」

辦公室常用的圓點貼紙和記事本用的功能性貼紙也是讓記錄lifelog能夠樂此不疲的好用工具之一。

書寫創意時用紅色貼紙、書寫讀書感想時用綠色貼紙，像這樣區分功能使用後，在重讀筆記時，腦海也能很快做出整理。

覺得這一頁很重要時，可在摺角貼上醒目的貼紙，例如「A-one Portable」記事簿用貼紙，讓筆記本變得繽紛多彩。

不想讓旁人知道的秘密，如果運用「符號」般的貼紙記錄，就不怕萬一被別人看見了。

例如在lifelog筆記用藍色貼紙表示私底下偷偷學習的課程，和喜歡的人約會時用粉紅色貼紙等，當成是只有自己才知道意義的記號使用。

23

A-one貼紙和A-one Portable貼紙

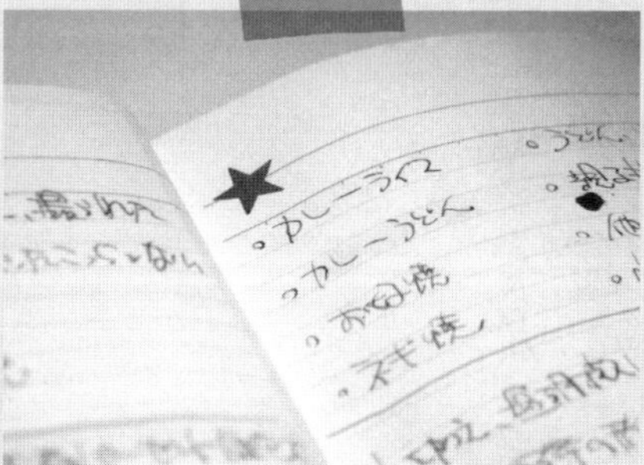

（使用例）

（使用例）

結語——

陪我們走過「無法重新再來一次的旅行」

本書乃繼《A6全能筆記術》、《閱讀力：效率最高載入式閱讀整理術》之「三十九元（日幣百圓）筆記本系列」的第三部作品。出版社之所以異於前兩本，則是因爲從第一本書就開始合作的編輯團隊跳槽到鑽石社之故。爲避免引發讀者不必要的誤會，特此聲明。

且讓我再爆一個料，「lifelog」是我執筆前就很感興趣的題材，卻始終提不起勁書寫。老實說是因爲它不同於工作上的資訊整理與活用，太過私人性，讓我覺得有些羞於提筆。

可是當這個企劃浮上檯面後，我開始重新省思自己爲什麼可以長年來毫不厭倦地在筆記本上書寫各種內容，並且一讀再讀？這樣的行爲究竟有什麼意義？對我而言，lifelog筆記處於什麼樣的定位？於是我的心情有了大幅的改變。

或許並非商科出身，只是一介生活者的我，正因爲是以個人的觀點寫作，所以才能提供給讀者們參考吧？我記得當意識到這一點後，頓時有霧散雲開的感覺，也才能開心進行執筆的作業。

什麼是lifelog呢？即便已經寫完書的今天，我仍然在尋求答案之中。

我想它既是幫助自己往期許方向更進一步的線索之一，也是對日常飲食、閒聊交談、隨意翻閱的書籍、每天的工作等人生的一切所展現的一種關愛。說不定也是每個人心中想要「留下自己活過的足跡」的心情吧。

書寫筆記時，偶爾會有今天這一天、現在此一瞬間將不會重來的無常感受，心頭也不禁酸了起來。

事實上前不久我還覺得自己像是學生一樣，如今已是一個小孩的爸爸了。寶寶從爬在地上到開始走路、牙牙學語，每天都在成長之中。一個月前還在地板上爬來爬去的嬰兒，如今早已不見蹤影了。

相信我們人都是朝著同一方向，在做一趟無法重新再來一次的旅行吧。

如果是旅行的話，移動中與其睡覺，應當寧可觀賞車窗外的風景。

如果是旅行的話，應該會努力試著跟偶然相遇的人們建立更友好的關係吧。

而且，如果是旅行的話，即便是撿到的石頭都將成爲寶物。

所謂的lifelog，或許就是幫助我們品味一去不復返的「日常」之旅，並運用在未來生活的好夥伴吧。

本書執筆之際承蒙許多人士的關照與幫忙。

感謝相隔兩年後重新聚集「筆記小組」的鑽石社市川有人先生、Appleseed Agency的宮原陽介先生、TYPEFACE的渡邊民人先生、NIX, INC的幅內美穗小姐、插畫家須山奈津希小姐。

感謝關西和四國的文具業者隨時提供我有關新文具、筆記本使用法和參考書籍等資訊。也謝謝熱心參與讀書會等活動的同好們。

感謝從本系列第一本作品就開始購讀的讀者們，也感謝第一次接觸本書的新讀者們。

最後還要感謝在背後支持我執筆的妻子和女兒。

謝謝你們大家！

奧野宣之

二〇一〇年十一月

書寫、剪貼、重讀。

只須靠著這些工夫，
就能將包含工作和私人生活的所有人生變成「培育自己的舞台」。

以開闊的心情持續記錄筆記，漸漸就能找到有個人風格、適合自己個性的做法。
就讓我們一起開始將人生留存在筆記本上的生活吧！

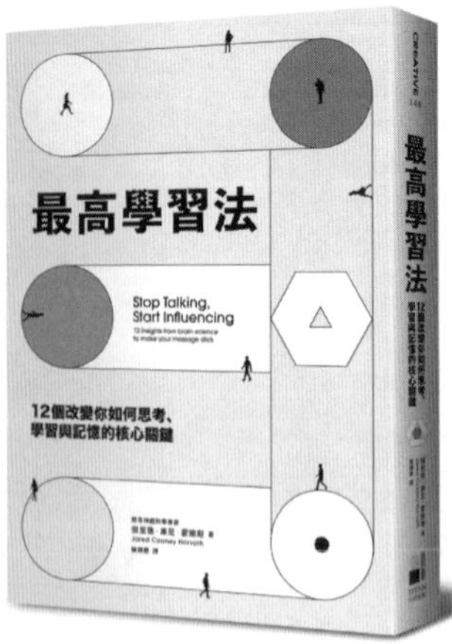

最高學習法

12個改變你如何思考、學習與記憶的核心關鍵

傑里德・庫尼・霍維斯◎著
陳錦慧◎譯

強力推薦

國立交通大學兼任助理教授 / 中央廣播電台主持人 李律鋒　專文推薦
知識型YouTuber Why學生
千萬人氣部落客、空姐報報 EmilyPost版主 Emily
台大心理系副教授、《大腦簡史》作者 謝伯讓
溝通表達培訓師 張忘形
電商人妻 Audrey
知識型YouTuber 超級歪
溝通心理學家 裘凱宇
閱部客創辦人 水丰刀

在擁擠吵雜的酒吧要如何做出有效的PowerPoint簡報？
常常馬拉松追劇，你記得多少劇情？還是追一齣忘一齣？
你是不是在工作場所以外巧遇同事卻認不出來？
K書的時候聽音樂究竟幫助還是妨礙學習？

我們常常在「習慣」之中一直錯用我們的大腦。

我們必須透過如何「教」，才會知道如何「學」；
透過如何「記」，才會明白如何「讀」；
透過如何「聽」，才能夠練習如何「思考」。

一本從腦神經科學，有憑有據的實驗證明，
逐步解析有關「學習」的過程、技巧與盲點，
進而根據這些原理提供教的方式與應用指南，激化你的大腦，打破習慣思維。
如果你在創意、行銷、品牌經營、銷售等領域工作，
如果你正想突破自己的成長，這本書非讀不可。

延伸閱讀

這樣學習改變了我（勵志版）

齊藤孝◎著
張智淵◎譯

認同推薦

投資理財人氣YouTuber Yale Chen
簡報奉行創辦人 RainDog 雨狗

容易學×有效率×壓力小＝齊藤式學習法

★勵志版附贈精心設計學習指引圖★

爲什麼學習變得越來越痛苦？
從想要學變成義務學、從主動學變成被迫學、從熱愛學變成冷淡學
……到底問題出在哪裡？
原來就是不夠了解自己，才會越學越沒有自信，越學越灰心……

只有了解自己天生特質，才能找到突破瓶頸的關鍵！

史蒂芬．金學習法：外界隔絕術，每天寫2000字。⇨適合容易找藉口的你。
夏目漱石學習法：化憂鬱為力量，個人步調第一優先。⇨適合因為自卑而遇上瓶頸的你。
歌德學習法：限制自己只做一件事。⇨適合無法徹底鎖定想做的事的你。
香奈兒學習法：照鏡子。⇨適合容易被身邊的人牽著鼻子走， 迷失自我的你。

天底下沒有「不適合學習的人」
只是你還沒找到適合自己的學習方法

掌握適合自己的學習型態，人生豁然開朗！

粉紅桶思考法

念頭決定你的結果，心想事成的最佳指南書

東尼．伯格斯&茱莉．法蘭屈◎著
陳錦慧◎譯

強力推薦

DISC識人溝通學專家 蔡緯昱／金鐘司儀 歐馬克
哇賽心理學主編 蔡宇哲／秒殺級領導課講師 李河泉老師 專文推薦
臨床心理師 洪仲清／快樂大學 熊仁謙
花蓮慈濟醫院 能量醫學中心主任 許瑞云醫師 粉紅正向按讚

★IG人氣插畫家LuckyLuLu繪製內頁暖心插圖★
★個人開發、治療、訓練與指導領域最強練習本★

遇見挫折開始學會，
讓生命充滿粉紅泡泡正能量，
支持你度過內在的不安，憂慮及自卑。

很多事情不順遂，人就開始怨天尤人，
怪別人，怪大環境，怪東怪西，甚至自己的成長背景，信仰。
沒有錯，這世界有太多因素干擾我們的人生，影響我們體驗生命，
但與其抱怨，我們更應該積極主動，來改變因為抱怨而不快樂的生活。

本書的十四個章節篇幅精簡，
一步步帶領讀者認識自己內在的想法並試著控制它。
幫助讀者在看似不受控的想法中開始意識到自己控制的能力，
然後幫助自己排除限制。
透過有意識的控制和挑選，拿回人生的主導權！

同時推薦

給自己10樣人生禮物（新版）

成就動詞型的生命地圖
就在這10個關鍵

褚士瑩◎著

真實體驗　真誠推薦

作家 山女孩 Kit
金鐘獎旅遊節目主持人 **廖科溢**

★系列銷售超過100000冊 慶祝暢銷新版上市★

對自己友善、對別人友善、對生活友善、對自然友善，
就會找到屬於自我風格的、沒有疑惑的，也不會後悔的生活方式！
只要掌握10個關鍵禮物，就能打開熱愛生命的地圖，擁抱充滿自信的人生！

他給自己最高額度的健康保險就是一輩子的運動，
他堅持沒有朋友比沒有錢還要不幸千百倍！
當朋友在MSN上敲說，嘿，褚士瑩，我覺得你真是這輩子活得最爽的人！
他卻相信只要做好自己的專業，
就算冷門，就算不是第一名，就算不是大師，
每天專心做喜歡與擅長的事，就是一個很棒的人！

太多人問他：你怎麼辦到的？
太多人羨慕他的無國界價值觀，
太多人欣賞他的夢想與現實的結合力，
但他卻想說：我給自己10樣人生禮物，
形成了自己熱愛的生命地圖，你們一定也可以的，
但最重要的是，我已經打開它！使用它了。

Creative 167

活用一輩子的筆記術（新版）

作　　者｜奧野宣之
譯　　者｜張秋明
出 版 者｜大田出版有限公司
台北市一〇四四五中山北路二段二十六巷二號二樓
E-mail｜titan@morningstar.com.tw http://www.titan3.com.tw
編輯部專線｜（02）2562-1383 傳真：（02）2581-8761

總 編 輯｜莊培園
副總編輯｜蔡鳳儀
行銷編輯｜陳映璇
行政編輯｜林珈羽
校　　對｜蘇淑惠／陳佩伶

初　　刷｜二〇一一年十一月三十日
二版初刷｜二〇二一年十一月十二日　定價：三〇〇元

購書 E-mail｜service@morningstar.com.tw
網路書店｜http://www.morningstar.com.tw（晨星網路書店）
TEL：04-2359-5819 FAX：04-2359-5493
郵政劃撥｜15060393（知己圖書股份有限公司）
印　　刷｜上好印刷股份有限公司
國際書碼｜978-986-179-687-1 CIP：019.2/110014088

填回函雙重禮
①立即送購書優惠券
②抽獎小禮物

國家圖書館出版品預行編目資料

活用一輩子的筆記術／奧野宣之著；張秋明譯．——二版——臺北市：大田，民 110.11
面；公分．——（Creative；167）

ISBN 978-986-179-687-1（平裝）

019.2　　110014088